DES DEARLOVE

Die Richard Branson Methode

UEBERREUTER

Die Deutsche Bibliothek – CIP-Einheitsaufnahme

Dearlove, Des:
Die Richard-Branson-Methode : Die 10 Erfolgsgeheimnisse
des besten Markenentwicklers der Welt /
Des Dearlove. – Wien : Wirtschaftsverlag Ueberreuter, 2000
   Einheitssacht.: Business the Richard Branson Way <dt.>
   ISBN 3-7064-0637-3

Unsere Web-Adressen:

http://www.ueberreuter.at
http://www.ueberreuter.de

S 0521   1 2 3 / 2002 2001 2000

Aus dem Amerikanischen von Annemarie Pumpernig
Originaltitel: „BUSINESS THE RICHARD BRANSON WAY:
10 Secrets of the World's Greatest Brand Builder",
erschienen bei AMACOM, a division of the American Management
Association, International, New York
Copyright © 1999 by Des Dearlove
Copyright © der deutschsprachigen Ausgabe 2000
by Wirtschaftsverlag Carl Ueberreuter, Wien/Frankfurt
Umschlag: INIT, Büro für Gestaltung
Unter Verwendung eines Bildes der Bildagentur ZEFA
Printed in Hungary

Inhalt

Kapitel 5: Die Marke pflegen

Pflegen Sie Ihre Marke, und sie wird gedeihen. Branson ist davon überzeugt, daß die Marke Virgin unendlich erweiterbar ist, solange ihre Integrität nicht in Mitleidenschaft gezogen wird.

Kapitel 6: Bitte lächeln

Medienpräsenz ist eine ausgezeichnete Promotion für das Unternehmen. Jedes Bild von Branson in einer Zeitung oder in einem Magazin ist Werbung für die Marke Virgin.

Kapitel 7: Kein Schafhirte sein

Branson erwartet nicht, daß seine Leute ihm blind folgen. Er setzt vielmehr auf seine Fähigkeit, das Beste aus ihnen herauszuholen, indem er ihnen eine anregende Umgebung bietet.

Kapitel 8: Schneller als der Blitz

Wenn Branson eine Chance sieht, reagiert er blitzschnell. Entscheidungen trifft er ohne zu zögern.

Kapitel 9: Die Größe zählt

Think big, but keep it simple. Unternehmensgründungen sind eine Spezialität von Virgin.

Kapitel 10: Natürlich bleiben

Bransons größtes Plus ist seine Ursprünglichkeit. Das ist das eigentliche Geheimnis seines Erfolgs – und seiner Popularität.

Dank

Ich meine, dieses Buch analysiert ziemlich genau, warum Richard Branson seit so vielen Jahren dermaßen erfolgreich ist. Ob Sie ihn nun als bärtigen Kreuzritter oder einfach als Kapitalisten mit Haaren im Gesicht sehen – Sie werden auf jeden Fall zu dem Schluß kommen, daß er ein bemerkenswerter Mensch ist. Seit drei Jahrzehnten wirbelt er die britische Wirtschaftsszene mit einer noch nie da gewesenen Mischung aus Inhalten und Persönlichkeit durcheinander. Fest steht jedenfalls, daß er Farbe und Spaß in das ansonsten graue Leben zahlloser Wirtschaftsjournalisten auf der ganzen Welt bringt. Dafür, Richard, gebührt Dir jedenfalls mein aufrechter Dank.

Bei der Recherche für dieses Buch plünderte ich eine wahre Fundgrube von Artikeln und las zwei hervorragende Biographien. Vor allem möchte ich Mick Brown und Tim Jackson danken, deren Bücher mir viele Anregungen gaben. Mein Dank gilt auch Alan Mitchell von Amrop International und vielen anderen, die Branson im Lauf der Jahre interviewt und seinen Erfolg analysiert haben.

Außerdem danke ich Stephen Coomber für seine Forschungsarbeiten und Erkenntnisse und Mark Allin, Richard Burton und Catherine Meyrick von Capstone Publishing für ihre Geduld (schließlich kamen wir doch noch ans Ziel!). Und last, but not least, danke ich Stuart Crainer für einen wundervollen Tag draußen am Fluß.

Des Dearlove

Vorwort

Die Management-Gurus sagen uns, in der heutigen Wirtschaftswelt sei das Lernen eine Voraussetzung für Erfolg im Wettbewerb. Manager müssen sich ständig neue Fähigkeiten und Methoden aneignen, um für die Auseinandersetzungen auf dem Markt gerüstet zu sein. Organisationen müssen sich in lernende Organisationen verwandeln, in denen das Lernen ein fester Bestandteil des Daseins und der Kultur der Organisation ist. All das ist zweifellos richtig, zumindest in der Theorie. In der Praxis jedoch gibt es kaum echte lernende Organisationen. In Wahrheit sind Manager nicht sehr gut im Lernen. „Der Erfolg auf dem Markt hängt zunehmend davon ab, daß man imstande ist zu lernen, doch die meisten Menschen wissen nicht, wie man lernt. Dazu kommt, daß jene Mitglieder der Organisation, die vielfach für die lernfähigsten gehalten werden, in Wirklichkeit nicht sehr gut darin sind", meint Chris Argyris von der Harvard Business School.[1] Eines der Ziele der vorliegenden Buchreihe besteht darin, Managern beim Lernen zu helfen; ihnen Gelegenheit zu geben, von den Besten zu lernen.

Dieses Vorhaben mag übertrieben ehrgeizig wirken. Doch bedenken Sie, wie Manager lernen. Zunächst einmal lernen sie aus ihren Erfahrungen. Chris Argyris hat jedoch zu Recht darauf hingewiesen, daß man aus Erfahrungen nicht zwangsläufig lernt. Wie vielen Führungskräften sind Sie schon begegnet, die alle Erfahrung der Welt besitzen, aber kaum über wirkliches Verständnis von Zusammenhängen verfügen? Möglicherweise behaupten sie, 30 Jahre Erfahrung zu haben, doch dabei handelt es sich oft nur um die Erfahrungen eines Jahres, die dreißigmal gemacht wurden. Erfahrung bedingt nicht automatisch Lernfortschritte. Nur weil

Die Wirtschaftshochschulen bleiben der Theorie verhaftet, doch in der Wirtschaft geht es um das praktische Tun.

jemand Jahrzehnte in einem Unternehmen verbracht hat, muß er noch lange nicht weise sein.

Des weiteren können Führungskräfte in Trainingsprogrammen lernen. Die meisten hochrangigen Manager haben das eine oder andere Executive Program einer Wirtschaftshochschule hinter sich gebracht.

Die Fallstudien und die für die Business Schools typische Konzentration auf die Analyse ermöglichen es den Managern zweifellos, sich bedeutsame Kenntnisse anzueignen. Doch die Bandbreite dieser Kenntnisse und ihr praktischer Nutzen werden regelmäßig in Zweifel gezogen – nicht zuletzt von denen, die in den Managementkursen unterrichten. „Die Vorstellung, man könne intelligente, aber unerfahrene 25jährige Menschen, die noch nie irgend etwas oder irgend jemanden gemanagt haben, in einem zweijährigen MBA-Kurs in effektive Manager verwandeln, ist lächerlich", meint der Strategieguru Henry Mintzberg.[2]

Der ehrwürdige Peter Drucker äußert sich ebenfalls seit langem kritisch über die Wirtschaftsuniversitäten. „Die vor knapp hundert Jahren in den Vereinigten Staaten gegründeten Wirtschaftsuniversitäten bilden lediglich gute Büroangestellte aus", schrieb er bereits im Jahr 1969.[3] In jüngerer Zeit hat er den Niedergang der Business Schools vorhergesagt, da diese unter einem „verfrühten Erfolg" litten. „Nun verbessern sie die Vergangenheit ein wenig. Das Schlimmste, was man tun kann ist zu verbessern, was man überhaupt nie hätte tun sollen."

Die Wirtschaftshochschulen bleiben der Theorie verhaftet, doch in der Wirtschaft geht es um das praktische Tun. „Ich halte nicht sehr viel von Diplomen. Sie eignen sich nicht, um die Arbeit zu machen. Meine Noten waren nicht so gut wie die anderer, und ich machte die Abschlußprüfung nicht. Der Leiter der Schule rief mich zu sich und erklärte mir, ich müsse die Universität verlassen. Ich sagte ihm, daß ich kein Diplom wollte, da es weniger wert sei als eine Eintrittskarte für das Kino. Eine Eintrittskarte garantierte dir zumindest, daß du hineinkamst. Ein Diplom garantierte für gar nichts." Diese Worte stammen von Soichiro Honda, dem Gründer des gleichnamigen Konzerns.[4]

Mit überraschendem Understatement erklärte der ehemalige Leiter von Chrysler, Lee Iacocca: „In einer formalen Ausbildung kannst du eine Menge lernen, doch viele der im Leben unverzichtbaren Fähigkeiten mußt du allein entwickeln." Deutlicher sagte es der verstorbene Leiter von Avis und Autor von *Up the Organization*, Robert Townsend. „Stellen Sie keine Absolventen der Harvard Business School ein", lautete seine Warnung. „Dieser Elite fehlen meiner Meinung nach einige grundlegende Voraussetzungen für den Erfolg: Demut, Respekt für die Leute auf der ausführenden Ebene, ein echtes Verständnis für die Natur des Unternehmens und die Leute, die Freude daran haben, es erfolgreich zu machen, Respekt seitens der Untergebenen, nachweisliches Durchsetzungsvermögen, Fleiß, Loyalität gegenüber den Untergebenen, Urteilsvermögen, Fairneß und Aufrichtigkeit unter Druck."[5]

Häufig angeführte Beispiele für Menschen, die keinen Abschluß vorweisen konnten und dennoch den Gipfel des geschäftlichen Erfolgs erklommen, sind Bill Gates, Richard Branson von Virgin und Anita Roddick von Body Shop. „Einer meiner größten Vorteile bei der Gründung von The Body Shop bestand darin, daß ich nie eine Wirtschaftsuniversität besucht hatte", sagt Anita Roddick. Auch Jim McCann, der Gründer von 1-800-Flowers, ist davon überzeugt, daß sein Unternehmen niemals entstanden wäre, hätte er eine Wirtschaftsuniversität besucht: „Ich hätte viel zu viel darüber nachgedacht, warum dieses Geschäft nicht funktionieren konnte."[6]

Drittens kann ein Manager von seinen Kollegen lernen. Diese Methode ist sehr wirkungsvoll. Der gegenwärtige Trend zu Mentoring und Coaching zeigt, daß die hochrangigen Manager wesentlich dazu beitragen können, die Fähigkeiten jüngerer Manager zu entwickeln. Doch was ist, wenn der Vorgesetzte eine ineffiziente Führungskraft ist, die lediglich ihre Zeit absitzt und keinerlei Interesse daran hat, Talente für die Zukunft zu fördern? Was, wenn der Vorgesetzte inkompetent ist? Was, wenn die Ambitionen eines aufstrebenden jungen Managers die Sachkenntnis seines Vorgesetzten erheblich übersteigen? Was kann er dann lernen?

Viele Manager suchen die Antwort in einem der vielen Bestseller von Unternehmensleitern. Führungskräfte kaufen Millionen derartiger Bücher. Sie möchten herausfinden, was in den Köpfen erfolgreicher Unternehmenskapitäne vorgeht. Sie wollen die Gehirne dieser großen Männer sezieren. Doch sie werden durchwegs enttäuscht. Die meisten Bücher erfolgreicher Manager sind von ihrem alles beherrschenden Ego verzerrt und leben nur von rückblickender Analyse. Sie wurden von Ghostwritern verfaßt und vermitteln eine geisterhafte Botschaft. Zumeist schildern diese Bücher eine Karriere durch die rosarote Brille, anstatt eine objektive Analyse von Managementtechniken zu liefern. Ihr Wert als Lehrmaterial ist beschränkt – was nicht heißen soll, daß sie keinen Unterhaltungswert besitzen.

Diese Reihe über die Geheimnisse großer Manager soll diese Lücke schließen. Das Ziel ist eine objektive Beurteilung der Führungsmethoden und der Denkweise einiger Größen des Business. Bei jedem Unternehmensführer, der Aufnahme in diese Reihe gefunden hat – sei es Bill Gates, Rupert Murdoch, Richard Branson oder Jack Welch – werfen wir einen genauen Blick darauf, wie er seine Aufgaben in Angriff nimmt. Was unterscheidet seinen Zugang von dem anderer Manager? Wo liegen seine Stärken? Und vor allem: Welche Lehren können aus seinem Erfolg gezogen werden?

Wie Sie sehen werden, verteilen wir die Weisheit nicht mit großen Löffeln. Wir stehen auf dem Standpunkt, daß Management eher eine Wissenschaft ist, bei der die Lektionen im Taschenformat portioniert sind. „Guru? Von Zeit zu Zeit findet man ja einen Edelstein. Aber das meiste ist ziemlich banal", sagte zum Beispiel Rupert Murdoch. „In der Wirtschaftsabteilung von Doubleday's kann man sich mit all diesen wundervollen Titeln eindecken. Dann gibt man 300 Dollar aus, und nach einiger Zeit wirft man sie alle wieder weg." Theorie ist etwas für jene, die Zeit haben. Management bedeutet jedoch, Dinge umzusetzen. Das weiß Richard Branson sicher besser als jeder andere.

Anmerkungen

1 Argyris, Chris, „Teaching smart people how to learn." *Harvard Business Review,* Mai–Juni 1991

2 Mintzberg, Henry, „The new managment mind-set." *Leader to Leader,* Frühjahr 1997

3 Drucker, Peter, „The Age of Discontinuity", Heinemann, 1969

4 Crainer, Stuart (Hrsg.), „The Ultimate Book of Business Quotations", Capstone, 1997; AMACOM, 1998

5 Townsend, Robert, „Up the Organization" (vergriffen)

6 Bruce, Katherine, „How to succeed in business without an MBA." *Forbes,* 26. Januar 1998

7 Brief an die Aktionäre, Februar 1993

Richard Branson:
Sein Leben und seine Zeit

In der modernen Geschäftswelt läuft Richard Branson wie ein bunter Hund herum. In einer von Strategien dominierten Zeit setzt er auf Chancen und Gelegenheiten. Mit seinem Unternehmen, der Virgin Group, schuf er ein einzigartiges Geschäftsphänomen. Noch nie wurde eine einzelne Marke für eine so reichhaltige Palette von Gütern und Dienstleistungen so erfolgreich eingesetzt. Das charakteristische rot-weiße Virgin-Logo scheint so elastisch zu sein wie Mates-Kondome – eines der vielen Produkte der Gruppe.[1]

Das Phänomen Branson

In dem Film *Vier Hochzeiten und ein Todesfall* scherzt einer der Protagonisten, daß sein Freund der reichste Mann Großbritanniens sein müsse. Der aber antwortet: „Nein, das bin ich natürlich nicht. Da ist einmal die Queen. Und dann dieser Typ Branson, dem geht's auch super."

Richard Branson, dem bekanntesten britischen Unternehmer, geht es nun schon seit mehr als drei Jahrzehnten „super". Mit 16 gründete er sein erstes Unternehmen, mit 24 war er Millionär. Jetzt, mit Fünfzig, scheint er regelmäßig in der vom Magazin *Forbes* veröffentlichten Liste der reichsten Menschen der Welt auf.

Bransons Privatvermögen wird auf 2,7 Milliarden Dollar geschätzt. So genau läßt sich das aber nicht sagen, weil seine Unternehmen private Kapitalgesellschaften sind, die sich ständig teilen und vervielfältigen. Sie gehören – steuerschonend – zu einer Reihe ausländischer Trusts – alles vollkommen legal und offen, aber schwer zu entwirren.

Branson ist heute die treibende Kraft in einem Netz von etwa 150 bis 200 Unternehmen, die in 26 Ländern mehr als 8000 Menschen beschäftigen. Zu seinen kommerziellen Interessen zählen Reisen, Hotels, Verbrauchsgüter, Computerspiele, Musik und Fluglinien. Sogar ein Pensions- bzw. Investmentplan wird von Virgin angeboten.

Diese Finanzdienstleistungen von heute sind jedoch Lichtjahre von dem jugendlichen Plattenlabel entfernt, das in den achtziger Jahren mit einem kontroversiell betitelten Album der Sex Pistols dem Punk zum Durchbruch verhalf. Alles an dem Album war Rebellion, einschließlich der Version von „God Save the Queen" – und doch wurde es zu einem Meilenstein für Branson.

Zu diesem Zeitpunkt hatte sich Virgin mit der Veröffentlichung des Albums *Tubular Bells* von dem damals noch völlig unbekannten Künstler Mike Oldfield bereits den Respekt der Hippiegeneration erworben. *Never Mind the Bollocks* war das perfekte Produkt, um die Marke Virgin bei einer neuen Generation stachelhaariger Teens zu etablieren. Branson war eine neuartige Fusion von Rebellion und Business gelungen – und eine einzigartig neue Markenaussage. Dieser Formel ist er treu geblieben.

Aber Branson ist mehr als nur Geschäftsmann. Er ist eine populäre Figur des öffentlichen Lebens, bewundert sowohl von Teenagern als auch von ihren Eltern. Als Angehöriger einer Generation von Wirtschaftskapitänen, die in den sechziger Jahren heranwuchs, wird er immer „Hippie-Kapitalist" genannt. Dazu kommt seine Reputation als Abenteurer, der einen neuen Weltrekord bei der Überquerung des Atlantiks aufstellte und den Versuch, den Globus in einem Heißluftballon zu umrunden, beinahe mit dem Leben bezahlt hätte.

Zu dieser tollkühnen geschäftlichen Fassade passen auch die Eskapaden, mit denen er immer wieder Aufsehen erregt. Branson verwendete die Marke Virgin wiederholt dazu, aggressive Marktführer aus der Reserve zu locken und satte, selbstzufriedene Märkte durcheinanderzuwirbeln - zuerst die großen Plattengesellschaften, dann die Airlines und in letzter Zeit die Branchen Soft Drinks und Finanzdienstleistungen. Diese kommerziellen Abenteuer haben sein Unternehmen schon mehrmals an den Rand des Abgrunds geführt und ihm die besondere Gunst der britischen Öffentlichkeit und mittlerweile der ganzen Welt eingetragen.

Aber Bransons populäres Image steht im Widerspruch zu einer anderen Seite seiner Persönlichkeit. Trotz seines Reichtums verfolgt er unablässig neue Geschäftsambitionen. Manchmal scheint es, als stürze er sich jeden Tag in ein neues Abenteuer. „Ein rücksichtslos ehrgeiziger Workaholic", wie ihn einer seiner Biographen beschreibt.[2]

„*Ein rücksichtslos ehrgeiziger Workaholic.*"

Branson behauptet, Virgin von einer öffentlichen Telefonzelle aus gegründet zu haben, und zwar mit weniger Kapital, als die meisten Leute bei einem Abendessen in einem guten Restaurant ausgeben. Um ihn ranken sich Anekdoten und Mythen. Und trotzdem ist Branson, der Geschäftsmann und Meister der Markenentwicklung, in den Nebelschwaden der Public Relations weiterhin nur schemenhaft erkennbar.

Die allumfassende Marke

Bransons bis heute größte wirtschaftliche Leistung besteht zweifellos darin, die erste allumfassende Marke der Welt geschaffen zu haben. Andere berühmte Namen wurden zu Synonymen der Produkte, die sie tragen: Hoover Staubsauger, Coca-Cola und Levi Strauss, um nur einige zu nennen. Nur Virgin wird mit mehr als bloß einem Produkt assoziiert.

Trotz seines bemerkenswerten Erfolgs behauptet Branson, daß nichts von alledem geplant war. Er tut so, als wäre das Phänomen Virgin eines jener eigenartigen Dinge, die Menschen manchmal zustoßen. Das gehört zum Branson-Mythos: Alles klingt so einfach.

„Als wir im Winter 1969 den Namen unserer Plattenfirma von 'Slipped Disc' auf 'Virgin' änderten, spürte ich irgendwie, daß dieser Name einschlagen könnte und daß er sich für eine Fülle anderer Produkte für junge Leute verwenden ließe."[3]

„Es wäre interessant gewesen, den Erfolg der Virgin-Gesellschaften – oder wie immer sie geheißen hätten – zu verfolgen, wenn das Unternehmen als 'Slipped Disc Records' weitergeführt worden wäre. Slipped-Disc-Kondome wären wahrscheinlich kein Knüller geworden."

Dieser Ausspruch ist typisch für einen Mann, der sein ganzes Leben wie ein großes Abenteuer lebt. Der gestrenge Kritiker von Business Schools und Managementtheorien Branson präsentiert sich gern als gewöhnlicher Mann von der Straße (obwohl er aus einer wohlbestallten Mittelklassefamilie stammt). Er ist der David, der

> *„Es wäre interessant gewesen, den Erfolg der Virgin-Gesellschaften - oder wie immer sie geheißen hätten - zu verfolgen, wenn das Unternehmen als 'Slipped Disc Records' weitergeführt worden wäre. Slipped-Disc-Kondome wären wahrscheinlich kein Knüller geworden."*

immer wieder den Goliath überlistet. Die Geschichte, die er über die Entstehung des berühmten Virgin-Logos erzählt, scheint typisch zu sein für das Unternehmen.

„Als sich bei Virgin Records die Erfolge einzustellen begannen, folgten wir einfach unserem Instinkt", erklärt Branson. „Zu Beginn spiegelte unsere Musik die Hippie-Zeit wider, und das galt auch für unser Logo: zwei nackte Frauen Rücken an Rücken. Als dann der Punk kam, stellten wir fest, daß wir ein frischeres Image brauchten ... Anstatt ein Vermögen für das neue Image auszugeben, sprach ich eines Tages mit unserem Graphikdesigner, um zu erklären, was wir wollten. Er kritzelte etwas auf ein Blatt, und den Entwurf warf er dann achtlos zu Boden. Das war der inzwischen berühmt gewordene Virgin-Schriftzug, den ich auf dem Weg zum Klo glücklicherweise aufhob."

Das klingt so beiläufig. Aber hinter diesen Worten verbirgt sich ein außerordentlicher Geschäftssinn, mit dem Richard Branson das Geschäftsleben so umgekrempelt hat, wie es zu der Zeit paßt, in der er lebt.

Ein Rockstar in der Businesswelt

Branson ist mehr als nur ein erfolgreicher Geschäftsmann. Er ist der Vertreter einer neuen Art von Unternehmern, die aufgrund ihrer Respektlosigkeit und Popularität eher mit der Rockszene als mit den Nadelstreifanzügen assoziiert werden, von denen die Geschäftswelt normalerweise bevölkert ist.

Gemeinsam mit Anita Roddick, Ben und Jerry (Eiscreme), Bill Gates und Ted Turner ist Branson zu einem Kulturdenkmal geworden. Er gehört einer neuen Generation von Unternehmern an, und seine alternative Geschäftsphilosophie ist ein wichtiger Bestandteil der Attraktivität von Virgin.

Branson peilt bewußt Märkte an, wo den Kunden ständig das Geld aus der Tasche gezogen wird, wo der Service schlecht ist und die Konkurrenz schläft. Er genießt es, Virgin als den kecken Underdog hinzustellen, der schneller ist als die anderen und dem Big Business auf den Leib rückt. Niemand spielt den David im Kampf gegen den Goliath des Big Business besser als Richard Branson. Das ist eine Marketingstrategie, die Millionen anspricht.

Wo immer das Virgin-Logo auftaucht, zieht es Kunden an, die nicht zum Establishment gehören wollen. Branson selbst – mit seiner Mähne, seinem breiten Grinsen und seinem schlechten Benehmen – ist so berühmt wie das Unternehmen selbst. Er ist bekannter als viele der Rockstars, denen er zum Aufstieg verhalf. (In der Sprache der Business Schools würde man sagen, daß Branson persönlich einen wesentlichen Teil des geistigen Kapitals des Unternehmens verkörpert.)

Ob man ihn mag oder nicht – Branson ist einer der erfolgreichsten Geschäftsleute der Welt. Sein Einfluß und seine Popularität gehen aber weit über die Geschäftswelt hinaus. Unter den Business-Tycoons stechen er und Ted Turner als Abenteurer hervor, die zudem auch erfolgreiche Unternehmer sind. Branson bahnte sich seinen Weg in die Rekordbücher, indem er in der Virgin Atlantic Challenger die schnellste Überquerung des Atlantiks hinlegte und mehrfach Versuche unternahm, den Globus in einem Heißluftballon zu umrunden.

Daneben gelang es Branson, sich bei der britischen Bevölkerung so beliebt zu machen wie kein Unternehmer vor ihm. Er kämpfte darum, die staatliche Lotterie zu einem Non-profit-Unternehmen umzufunktionieren, deren Gewinne wohltätigen Zwecken zugeführt werden sollten; er leitete eine Umweltkampagne der Regierung, und er brachte Mates-Kondome auf den Markt, um das AIDS-Bewußtsein zu heben. Sein Konterfei erscheint fast ebenso oft auf den Titelseiten der nationalen Presse und im Fernsehen wie die Königliche Familie.

Aber obwohl er Milliardär ist und als Privatrefugium eine Karibikinsel sein eigen nennt, ist es Branson irgendwie gelungen, ein Mann des Volkes zu bleiben. Im Gegensatz zu anderen Berühmtheiten des öffentlichen Lebens schafft er es auch, seine Privatsphäre zu schützen. Er zeigt sich nur, wenn er es will. Geschickt vermeidet er schlechte Presse und lanciert positive Artikel.

Branson gelingt es auch, die finanzielle Seite seines Imperiums zu verschleiern. 1986 brachte er Virgin an die Londoner Börse, kaufte es aber wieder zurück, weil ihm die mit der Notierung verbundenen Einschränkungen nicht gefielen. (Der Börsencrash des Jahres 1987 kappte den Wert des Unternehmens innerhalb von 24 Stunden um Millionen Pfund, was Bransons Mißtrauen gegen die Broker der Wallstreet und der Londoner City vertiefte. Er übernahm die Kontrolle lieber wieder selbst.)

Der Schachzug, sein Unternehmen ins Privateigentum zurückzuführen, gestattete es Branson, sein Allerheiligstes vor den neugierigen Blicken der Öffentlichkeit zu schützen. So gelang es ihm, ein Imperium aufzubauen, das völlig anders ist als alle anderen. Im Gegensatz zum traditionellen Modell einer Handvoll operativer Gesellschaften, die einer Dachorganisation unterstellt sind, ist Virgin eine Anhäufung von Unternehmen, die durch die Marke Virgin locker aneinander gebunden sind. Viele von ihnen sind Joint-ventures mit externen Investoren, die außer dem Namen wenig gemeinsam zu haben scheinen. Nur Richard Branson und einige handverlesene Führungskräfte haben den Überblick. Die meisten anderen Führungskräfte sind der Öffentlichkeit praktisch unbekannt. Der Vorsitzende und Gründer des Unternehmens ist jedoch ein integraler Bestandteil der Marke Virgin.

Auch das ist paradox. Der öffentliche Richard Branson

ist Millionen Menschen bekannt. Er verkörpert die umgängliche und fürsorgliche Seite des Geschäftslebens. Er ist der Mann, der Karriere machte, indem er es mit großen Unternehmen aufnahm und sie besiegte; der Mann, der den konventionellen Anzügen und Krawatten bunte Sweater vorzieht. Aber so wirklich an sich heran läßt er niemanden.

Manche meinen sogar, es gäbe zwei Richard Bransons: den Darling der Klatschspalten, den Millionen kennen, und den Geschäftsmann, der nur seinen Partnern bekannt ist. Tim Jackson, Autor von *Virgin King*, der inoffiziellen Branson-Biographie, meint, Bransons Motto laute „ars est celare artem" – die Kunst liegt darin, die Kunst zu verschleiern. Das ist wohl die Quintessenz von Bransons Managementstil und einer der Eckpfeiler des Virgin-Imperiums.

Die frühen Jahre

Richard Charles Nicholas Branson wurde am 18. Juli 1950 geboren. Als er zur Welt kam, hatten sich sein Vater Edward und seine Mutter Eve Branson in dem verschlafenen Dorf Shamley Green im südostenglischen Surrey niedergelassen. Da Ted Branson erst kurz davor die Anwaltszulassung erhalten hatte, war das Geld bei den Bransons knapp. Die Familie mietete sich für 12 Shilling die Woche in einem weitläufigen, etwas verfallenen Haus ein.

Richard sollte eine konventionelle Schulbildung erhalten und wurde in die Scaitcliffe Preparatory School eingeschrieben. Doch Branson junior hielt nicht viel vom Lernen und schaffte es nur dank eines Paukerkurses in die Private School von Stowe.

Sport mochte er, aber die Feinheiten einer klassischen britischen Erziehung waren bei ihm verlorene Liebesmüh. Die Erfahrungen, die er in der Schule sammelte, erwiesen sich allerdings als unschätzbar wertvoll für seine weitere Karriere. Die im wahrsten Sinn des Wortes konservative Schule vermittelte dem wortgewandten jungen Mann, dessen Imperium sich später das Ziel setzen sollte, das System aus den Angeln zu heben, die perfekte Ausbildung.

Schon bald schimmerte Bransons Charakter durch.

Wie ein Beobachter schrieb: „Der Junge mit dem frischen Gesicht hatte die Aufnahmeprüfung in seine wenig bekannte Public School nur dank eines Paukerkurses geschafft. In der Folge fiel er dreimal beim Grundkurs in Mathematik durch. Trotzdem ließ er keinen Zweifel daran, ein besserer Direktor zu sein als der damalige Schulleiter. So schrieb er dem Direktor ein Memo, in dem er seine Vorschläge darlegte. Einer davon lautete, es den Schülern der sechsten Klasse zu gestatten, täglich zwei Pints Bier zu trinken.“

Aber bis zur sechsten Klasse schaffte es Branson gar nicht. Mit 16 brach er die Schule ab. Sein Kopf war viel zu voll mit großartigen Ideen und Geschäftsplänen, als daß er irgend etwas anderes hätte darin speichern können. Der Direktor bemerkte damals, daß Branson entweder als Millionär oder hinter Gittern enden würde. Der Rest ist, wie man so sagt, Geschichte (obwohl das Rennen bisweilen knapp war).

Heute, ein Vierteljahrhundert später, ist Branson auf der ganzen Welt als exzentrischer Freibeuter der Wirtschaft bekannt, der die überkommenen Weisheiten im Fluglinien-Business Lügen strafte und die Cola-Giganten und die britischen Finanzdienstleister das Fürchten lehrte; als Abenteurer, der den Geschwindigkeitsrekord bei der Überquerung des Atlantiks brach, und als wagemutiger Ballonfahrer. Vor allem aber ist er als der David bekannt, der es mit dem Goliath British Airways aufnahm, dabei vor schmutzigen Tricks nicht zurückschreckte – und gewann. Es hätte allerdings auch ganz anders kommen können.

Tycoon in Wartestellung

Seine ersten Geschäfte machte Branson als Schüler. Gemeinsam mit Nick Powell, seinem Freund aus Kindertagen und langjährigen Geschäftspartner, wollte er sich die ersten Sporen mit der Zucht von Papageien und Christbäumen verdienen. Beides wurde ein Flop.

Sein erstes richtiges Unternehmen, ein Magazin mit dem Titel *Student,* gründete er mit 16. Durchschlagenden Erfolg hatte er damit nicht. Aber dann passierte etwas (und das wiederholt sich seitdem immer wieder): Obwohl er nichts oder nur wenig von der Popmusik verstand, wollte er unbedingt ein Versandunternehmen gründen. Und da ihm das Geld für Werbung fehlte, veröffentlichte er kurzerhand in seinem eigenen Magazin eine Anzeige.

Das war 1969, und London war reif für das Plattenversandgeschäft. Bald flatterten die ersten Schecks auf seinen Schreibtisch. Das Geschäft kam auf Touren. Richard Branson hob ab.

Der Zufall spielte bei seinem Schritt vom Postversand zum Plattenladen eine Rolle: Ein Poststreik legte das Versandgeschäft lahm und zwang ihn dazu, nach neuen Absatzmöglichkeiten Ausschau zu halten. 1971 eröffnete er sein erstes Geschäft in der Oxford Street.

Durch Reibereien mit der Zoll- und Steuerbehörde Ihrer Majestät wurde Branson bald klar, daß man besser auf der Seite des Gesetztes bleibt, und wie wichtig gute Rechts- und Finanzberater sind. Diesem Grundsatz blieb er später auch treu. Der Jungunternehmer hatte ein Schlupfloch in den Steuergesetzen entdeckt: Der Verkauf von Platten ins Ausland war steuerfrei. Doch die Zollbeamten prüften nicht, welche Alben tatsächlich exportiert wurden. Die Versuchung, wertlose alte Bestände aufs Festland zu schicken und die neuen Platten in Großbritannien zu verkaufen, ohne Steuern für sie zu bezahlen, war einfach zu groß. Als die Sache aufflog, wurde Branson verhaftet. Das drohende Gerichtsverfahren konnte er erst verhindern, als er sich bereit erklärte, die Steuern nachzuzahlen.

Neben seinen Virgin-Plattengeschäften begann Branson mit der Produktion von Schallplatten. Einer der ersten Künstler seines später erfolgreichen Labels war Mike Oldfield, dessen Album *Tubular Bells* die nächsten zehn Jahre seinen Platz in den britischen Charts behauptete. Die Erlöse von *Tubular Bells* machten das Virgin-Imperium groß.

In den achtziger Jahren wurde Virgin zum Synonym für eine Gruppe wilder junger Musiker. Mit den Sex Pistols verhalf es dem Punk zum Durchbruch. 1982 entdeckte Virgin Boy George und Culture Club. Die Erlöse ermöglichten es Branson, den Aufbau seines Imperiums in Angriff zu nehmen.

1984 befand sich Virgin im wahrsten Sinn des Wortes auf einem Höhenflug. Branson war von der Popmusik auf die transatlantische Luftfahrt umgeschwenkt und hatte Virgin Atlantic Airways gegründet. Ein Jahr darauf wurde Virgin ohne die Airline, die Branson in seinem Eigentum behielt, an die Londoner Börse gebracht. Aber der Crash des Jahres 1987 und sein allgemeines Mißtrauen gegenüber der Finanzgemeinde bewogen Branson dazu, den außergewöhnlichen Schritt zu wagen und das Unternehmen wieder ins Privateigentum zurückzuführen.

Der Rest ist wieder einmal Geschichte. Heute umfaßt das Virgin-Imperium Reisebüros, Urlaubsveranstalter, Bekleidung, Plattengeschäfte, Soft-Drinks, Radiosender ... die Liste ist endlos. Aber wie brachte es Richard Branson zuwege, einige seiner grimmigsten britischen und amerikanischen Konkurrenten abzuschütteln und die mächtigsten Marke der Welt aufzubauen? Und was können die Unternehmer von morgen von ihm lernen?

Unternehmensstrategie

Von den fünf Kräften Michael Porters hat Branson wahrscheinlich noch nie in seinem Leben gehört – obwohl die Werke des Professors der Harvard Business School seit über 20 Jahren zur Pflichtlektüre der Wirtschaftsstudenten gehören. Hätte er sie gelesen, wüßte er, daß das Airline-Geschäft, der Cola-Markt und der britische Finanzdienstleistungsmarkt – um nur einige der Bereiche zu nennen, in denen Branson erfolgreiche Virgin-Unternehmen gegründet hat – Bilderbuchbeispiele für knallharten Wettbewerb oder hohe Ausfallquoten sind, also Branchen, um die man einen großen Bogen machen sollte. (Auf die Frage, wie man Millionär werde, antwortete Branson, daß man am besten als Milliardär beginnen und dann eine Fluglinie gründen solle.) Hätte Richard Branson Porters Rat befolgt, wäre uns eines der buntesten und dynamischsten Firmenimperien vorenthalten worden, die die Welt je gesehen hat.

Auf die Frage, wie man Millionär werde, antwortete Branson, daß man am besten als Milliardär beginnen und dann eine Fluglinie gründen solle.

Unmögliches versteht Branson im allgemeinen als Herausforderung. Die Portersche Analyse hätte ihn also wahrscheinlich inspiriert. Aber Branson ist eben deshalb so erfolgreich, weil er keine Managementlehrbücher liest. (Viele der Techniken, die er in den sechziger Jahren einführte, gelten heute als Patentrezepte für das Management des einundzwanzigsten Jahrhunderts.)

Die Welt von Richard Branson

Ein kurzer Überblick über die Geschichte von Virgin:

1950   *Richard Charles Nicholas Branson wird als erstes Kind des Rechtsanwalts Edward Branson und der ehemaligen Tänzerin und Stewardeß Eve Branson geboren.*

1964   *Aufnahme in die Stowe School, Buckinghamshire*

1966   *Branson gründet gemeinsam mit einem Schulfreund das Magazin* Student

1967   *Branson tritt mit ausgezeichneten Noten aus der Schule aus und zieht nach London, um sich dem Magazin zu widmen*

1968   *26. Januar: Die erste Ausgabe von Bransons erstem Geschäftsprojekt, des Magazins* Student*, kommt heraus. Branson gründet das gemeinnützige Student Advisory Center.*

1969   *Branson erwirkt eine höchstgerichtliche Verfügung, die die Beatles dazu zwingt, Bildmaterial für den Cover von* Student *zur Verfügung zu stellen. In der letzten Ausgabe von* Student *erscheint die erste Werbung für den Plattenversand.*

1970   *Beginn des Plattenversandgeschäfts von Virgin. Branson muß 7 Pfund Strafe für die Verwendung der Worte „venereal disease" (Geschlechtskrankheit) in öffentlichen Unterlagen des Student Advisory Center zahlen.*

1971 Poststreik. Eröffnung des ersten Virgin-Geschäfts in der Londoner Oxford Street.
Simon Draper, Bransons südafrikanischer Cousin, stößt zu Virgin. Steuerprüfung durch die britische Steuerbehörde; Festnahme Bransons wegen Steuerbetrugs. Branson erklärt sich bereit, in den folgenden drei Jahren 53.000 Pfund Steuern nachzuzahlen. Das Verfahren wird eingestellt.

1972 Eröffnung des ersten Virgin-Aufnahmestudios in The Manor in der Nähe von Oxford, England. Mike Oldfield beginnt mit der Aufnahme von **Tubular Bells**. Branson heiratet seine erste Frau, Kristen Tomassi.

1973 Gründung des Plattenlabels Virgin Records; **Tubular Bells** wird zu einem der meistverkauften Alben des Jahrzehnts. Gründung des Musikverlags in Großbritannien.

1975 Branson versucht erfolglos, die Rolling Stones und 10CC unter Vertrag zu bekommen.

1976 Skandal um die Sex Pistols, als die Mitglieder der Band in einem TV-Vorabendprogramm wild zu fluchen beginnen. Der Moderator Bill Grundy wird gefeuert.

1977 Virgin nimmt die Sex Pistols unter Vertrag, nachdem sie sowohl von EMI als auch von A&M als zu provokant abgelehnt wurden.

1978 Eröffnung von The Venue, Bransons erstem Nachtklub. Human League wird von Virgin unter Vertrag genommen.

1980   Virgin Records erobert ausländische Märkte, anfangs über Lizenzvereinbarungen, später aber durch eigene Tochtergesellschaften in Frankreich und anderen Ländern.

1981   Phil Collins unterschreibt bei Virgin.

1982   Talentesucher von Virgin entdecken Boy George. Virgin sichert sich die weltweiten Rechte für Culture Club.

1983   Virgin Vision (Vorläufer von Virgin Communications) wird als Vertriebsarm für Filme und Videos gegründet. Gründung von Vanson Development, der Immobiliengesellschaft von Virgin, und von Virgin Games (Verlag für Computer-Spielsoftware). Der konsolidierte Gewinn der Virgin-Gruppe vor Steuern steigt auf 2 Millionen £ bei einem Umsatz von an die 50 Mio. £.

1984   Gründung von Virgin Atlantic Airways und Virgin Cargo. Erwerb von Anteilen an einem Luxushotel in Deya, Mallorca, als Beginn von Hotelaktivitäten in Großbritannien und der Karibik. Don Cruickshank wird neuer Leiter der Virgin-Gruppe, Trevor Abbott Finanzchef. Virgin Vision gründet The Music Channel, einen via Satellit ausgestrahlten Rund-um-die-Uhr-Musiksender, und produziert das preisgekrönte Video 1984.

1985   Bei 25 englischen und schottischen Institutionen werden in Vorbereitung auf die Plazierung des Unternehmens mit 7 Prozent verzinste wandelbare Vorzugsaktien im Wert von 25 Mio. £

aufgelegt. Branson transferiert den Großteil der Virgin-Aktien in ausländische Trusts.

Virgin wird als Unternehmen des Jahres mit dem Business Enterprise Award ausgezeichnet. Gründung von Virgin Holidays. Branson ist Teil der Challenger-Besatzung, die erfolglos versucht, den Atlantik zu überqueren.

1986   *Die Virgin Group, mit den Geschäftszweigen Musik, Einzelhandel und Immobilien sowie Kommunikation, geht an die Londoner Börse. (Fluglinie, Klubs, Urlaubs- und Flugdienste verbleiben in der privaten Gruppe namens Voyager Group). Branson bricht den atlantischen Geschwindigkeitsrekord in der Challenger II und erwirbt damit immense Popularität.*

1987   *Gründung von Virgin Records America, der rasch eine Tochtergesellschaft in Japan folgt. Virgin gründet Post-Production-Einrichtungen in Los Angeles, wo Qualitätswerbung und Popvideos den letzten Schliff bekommen. Im Zuge des Börsencrashs rutscht der Kurs von Virgin-Aktien auf unter 90 p. Branson muß das Projekt einer feindlichen Übernahme von EMI fallen lassen. Einführung der Mates-Kondome, deren Verkaufserlöse an die Healthcare Foundation gehen. Virgin-Direktoren legen ihr Veto gegen die Verwendung des Firmennamens für die Kondome ein. Virgin-Aktien notieren an der NASDAQ in den USA.*

1988   *Richard Branson gibt nach dem Börsencrash im Oktober den Management-Buyout der Virgin*

Group bekannt. Er und andere Virgin-Direktoren kaufen das Unternehmen von den anderen Aktionären zurück und nehmen dafür einen Kredit von 182,5 Mio. £ auf.

1989   *Virgin Atlantic Airways gibt die Verdoppelung der Gewinne vor Steuern auf 10 Mio. £ bekannt. Cruickshank tritt als Managing Director der Gruppe zurück, Abbott übernimmt das Ruder. Branson heiratet Joan Templeman.*

1990   *Branson und Per Lindstrand überfliegen den Pazifik in einem Heißluftballon. Während des Flugs bricht der Golfkrieg aus, der eine Rezession im Flugliniengeschäft nach sich zieht. Virgin Atlantic schickt eine Boeing 747 in den Irak, die britische Geiseln heimholt. Die Virgin Retail Group und Marui (japanischer Einzelhändler) geben die Gründung eines 50:50 Joint-ventures für den Betrieb der Megastores in Japan bekannt.*

1991   *Gründung von Virgin Publishing durch die Zusammenlegung von WH Allen, Allison & Busby und Virgin Books.*

Virgin betreibt die erste Verkaufsstelle auf dem Flughafen Heathrow. Virgin verkauft 50% des Megastore-Geschäfts an W.H. Smith. Branson entschließt sich zum Verkauf der Virgin Music Group - „der Kronjuwelen".

1992   *Verkauf der Virgin Music Group an THORN EMI. Bei der Transaktion wird die Virgin Music Group mit 1 Mrd. US-$ bewertet, und Richard Branson tritt als geschäftsführender Präsident* der Gruppe zurück. *Die Post-Production-Anteile werden unter einer neuen Dachgesellschaft namens Virgin Television zusammengefaßt. Gründung der US-Carrier Vintage Airtours zur Einrichtung einer täglichen Flugverbindung von Orlando nach Florida Keys mit nostalgischen Flügen in einer DC-3. Branson droht British Airways mit einer Klage wegen übler Nachrede, weil sein Vorwurf, British Airways arbeite mit „schmutzigen Tricks", von dieser als Publicitygag bezeichnet wurde.*

1993   *British Airways vergleicht sich in dem Verfahren und bezahlt 610.000 £ zuzüglich Rechtskosten (die Gesamtkosten werden auf über 4,5 Mio. £ geschätzt). Virgin Atlantic wird vom Magazin* Travel *im dritten Jahr hintereinander zur Airline des Jahres gewählt. Gründung von Virgin Radio 1215 AM.*

1994   *Branson bewirbt sich um die Lizenz für den Betrieb der britischen Staatslotterie, wobei er alle Gewinne wohltätigen Organisationen zuführen will. Die Lotterie wird dem Rivalen Camelot Consortium zuerkannt.*

Virgin Atlantic strengt bei einem US-Gericht ein Anti-Trust-Verfahren über 325 Mio.$ gegen British Airways an. Die Familie Branson entgeht bei einem Autounfall auf der M40 knapp dem Tod.

Spektakuläre Einführung von Virgin Cola.

1995   *Gründung von Virgin Direct Personal Financial Service. Virgin, TPG Partners, ein großer US-Investmentfond, und Hotel Properties Ltd. geben*

*die Akquisition von MGM Cinemas bekannt.
Australian Mutual Provincial (AMP) kauft einen
50%igen Anteil an Virgin Direct und kauft Norwich Union, den ursprünglichen Partner, auf.*

1996 *Virgin Bride, der größte europäische Einzelhändler für Hochzeitsbekleidung, wird in London gegründet. Virgin geht mit Virgin Net auf
den Internetmarkt. Die Virgin Rail Group erwirbt Franchiserechte für die InterCity Express
Services, die 130 Bahnhöfe in ganz Großbritannien verbinden.*

1997 *Virgins Lizenz für InterCity West Coast wird für
15 Jahre abgeschlossen. Virgin Vie, ein neues
Joint-venture im Kosmetik- und Schönheitspfle-
gebereich, eröffnet vier Flaggschiffgeschäfte in
Großbritannien. Virgin Direct führt sein erstes
Bankingprodukt ein, das Virgin One Account.
Ginger Evans Ginger Productions kaufen Virgin
Radio für 85 Mio. $. Das Unternehmen, nun auf
Ginger Media Group umbenannt, soll mit dem
bestehenden Mitarbeiterstab unter dem Namen
Virgin Radio weitergeführt werden.*

1998 *Virgin Trading kauft von Cott Europe den verbleibenden Anteil an Virgin Cola und übernimmt damit die volle Kontrolle über Verkauf,
Marketing, Logistik und Vertrieb.*

Kernkompetenzen

Einmal hat Branson doch auf die Theorien einer Business School Bezug genommen, nämlich auf die Ideen von Gary Hamel und C.K. Prahalad. Anhand dessen arbeitete er in den letzten Jahren die vier Kernkompetenzen von Virgin heraus:

◆ Die Fähigkeit, Wachstumschancen zu erkennen;

◆ die Fähigkeit, rasch zu reagieren;

◆ die Bereitschaft, relativ kleinen Teams das tagtägliche Management zu übertragen („Wir versuchen, unsere Unternehmen klein zu halten", betont Branson. Obwohl die Airline mittlerweile 6000 Mitarbeiter hat, meint er, er habe „das Umfeld und die zwanglose Atmosphäre eines Kleinunternehmens beibehalten".)

◆ die Fähigkeit, effektive Joint-ventures zu schaffen und zu managen.

Manche Leute meinen, Bransons tatsächliche Kernkompetenz bestehe in der Fähigkeit, Menschen zu motivieren und sie dazu zu bringen, bis an ihre Leistungsgrenzen zu gehen. Wieder andere verweisen auf seine beharrlichen und manchmal rücksichtslosen Verhandlungsfähigkeiten.

Bei sorgfältiger Analyse zeigt sich allerdings, daß die Wahrheit nicht ganz so einfach ist. Das Phänomen Branson läßt sich auf einige Grundsätze reduzieren, die den geschäftlichen Scharfsinn jedes Managers oder Unternehmers stärken können. Aber das bedeutet nicht, daß sich die Formel so einfach kopieren läßt. Es zeigt sich immer wieder, daß nur ein gewisser Menschentyp ein Unternehmen nach der Art von Branson führen kann. Die Frage ist: Haben Sie das Zeug, ein Richard Branson zu werden?

Anmerkungen

1 Interessanterweise weigerten sich die Führungskräfte von Virgin ursprünglich, Branson die Verwendung der Marke Virgin auf Verhütungsmitteln zu gestatten, aus Angst, zu große Kontroversen auszulösen.

2 Jackson, Tim, „Virgin King", Harper Collins, London 1994

3 Branson, Richard, „BBC Money Program Lecture", 1998

Einen Gegner suchen, der größer ist als man selbst

Virgins Strategie ist es, die Marktführer durch die Glaubwürdigkeit unserer Marke aus der Reserve zu locken. Wir nehmen Branchen aufs Korn, die unserer Meinung nach dem Konsumenten nicht genug für sein Geld bieten.

Richard Branson

Richard Branson hat es zu seinem Beruf gemacht, als David die Klinge mit den vermeintlichen Goliaths zu kreuzen. In den letzten beiden Jahrzehnten legte sich Virgin mit einigen der mächtigsten Unternehmen der Welt an. So nahm das Plattenlabel Virgin in den siebziger Jahren den Kampf mit dem Musik-Establishment auf, darunter mit so etablierten Giganten wie EMI. Als Branson in den achtziger Jahren Virgin Atlantic Airways gründete, forderte er die großen Airlines heraus – und fing dabei gleich mit British Airways an. In den neunziger Jahren ging Virgin mit Soft Drinks auf den Markt und machte dabei mit einem Colagetränk Giganten wie Coca-Cola und Pepsi Co direkte Konkurrenz. Im Finanzdienstleistungsbereich konkurriert Virgin Direct mit Banken und anderen großen Finanzinstitutionen.

Während sich die meisten Unternehmer angesichts der Marktdominanz der Großen anders besinnen würden, genießt es Branson, sich mit Giganten anzulegen und sie auszutricksen. Als Branson Virgin Cola gründete, meinte ein Journalist: „Ich hatte den Eindruck, daß es nicht das Geld war, was ihn reizte, sondern der Kampf mit der mächtigen Coca-Cola-Corporation."[1]

„Virgin steht für Herausforderung", sagt Branson. „Wir nutzen die Marke gern dazu, es mit ganz Großen aufzunehmen, von denen wir glauben, daß sie zu viel Macht haben." Es gibt Fälle, in denen ein Markenname zum Synonym für die Produkte geworden ist, die unter diesem Namen verkauft werden – man denke nur an Coca-Cola, Kellogg's oder Hoover. Dann wird jede Menge Werbung gemacht, damit das auch so bleibt. Viele dieser amerikanischen Markennamen wurden in der Zeit der sogenannten Räuberbarone groß, was zu Beginn des zwanzigsten Jahrhunderts immerhin zur Einführung der ausgezeichneten amerikanischen Anti-Trust-Gesetze führte."

Richard Löwenherz

Branson hat die erstaunliche Fähigkeit, fast alles, was er tut, als Kreuzzug hinzustellen. Das verleiht der Marke Virgin moralische Autorität. Im Vergleich zu den ungeheuren Kräften des „Big Business" nimmt sich der Kapitalismus im Branson-Stil fast fromm aus. Da Virgin sich mit dominanten und oft aggressiven Unternehmen anlegt, wird es wie ein Held verehrt, was ihm bei den Konsumenten einen bedeutenden Vorteil verschafft.

Andere Imperiengründer mögen sich in geschäftliche Hahnenkämpfe verstricken – Branson bricht zu Kreuzzügen auf. Virgin steht unweigerlich auf seiten der Guten. Die Strategie setzt auf die Glaubwürdigkeit der Marke und auf das Vertrauen der Öffentlichkeit in den Unternehmer, daß er „das Richtige" tun wird. (Wirklich unglaublich für einen Geschäftsmann: Bei einer kürzlich unter britischen Jugendlichen durchgeführten Umfrage wurde Branson als einer von einer Handvoll Personen genannt, denen die Befragten es zutrauen würden, die „zehn Gebote neu zu schreiben".)

In vielen Märkten, auf denen Virgin aktiv wird, spüren die Konsumenten, daß sie nicht fair behandelt werden, sehen aber keine andere Möglichkeit, als den Big Players treu zu bleiben. Sie akzeptieren es einfach. Virgin bietet eine Alternative: „Wenn man es mit den großen, dicken, faulen Marktführern aufnimmt, stellt man fest, daß es oft ganz leicht ist, den Kunden mehr für ihr Geld zu bieten." Außerdem hat man in diesem Fall die Möglichkeit, sich auf die

Seite der Konsumenten zu stellen, und die sind einem dankbar.

Bransons größte Begabung als Unternehmer und Geschäftsmann besteht darin, die Dinge vom Standpunkt des Konsumenten aus zu betrachten. Als er in den siebziger Jahren ins Musikgeschäft einstieg, haßten die langhaarigen Jugendlichen – und später die mit Irokesenschnitt – das „straighte" Musikestablishment, von dem sie glaubten, daß es sowohl den Fans als auch den Künstlern das Geld aus der Tasche zog. Für sie war Branson der Kreuzritter ihrer Alternativkultur.

Als er Virgin Direct, sein Finanzdienstleistungsunternehmen, gründete, sagte Branson ganz offen, daß er den Markt durcheinanderwirbeln wollte. Es war ein „schmutziges Geschäft", wie er sagte, in dem ausgemistet werden müsse.

„Dem Namen Virgin wird Vertrauen entgegengebracht, vor allem von den jüngeren Leuten", sagte er. „Die Konsumenten wurden von einer Branche, die ihre Aufgaben nicht wahrnahm, zu lange an der Nase herumgeführt."[2]

„Wenn man es mit den großen, dicken, faulen Marktführern aufnimmt, stellt man oft fest, daß es ganz leicht ist, den Kunden mehr für ihr Geld zu bieten."

Branson über Finanzdienstleistungen:
„Die Konsumenten wurden von einer Branche, die ihre Aufgaben nicht wahrnahm, zu lange an der Nase herumgeführt."

Die Piratenflagge hissen

Andere sehen in Branson weniger den Kreuzritter als vielmehr den Freibeuter. Der schwadronierende Virgin-Chef ist ihrer Meinung nach deshalb so attraktiv, weil er überhaupt keinen Respekt vor Autoritätspersonen hat. Diese Eigenschaft, kombiniert mit einer gewissen Häme und Freude daran, das Big Business zu irritieren, bringt sie dazu, sich auf seine Seite zu schlagen.

Es sieht so aus, als nähme Branson geradewegs Kurs auf schwerbewaffnete und vom Gewicht ihrer übergroßen Marktmacht behäbige Schatzschiffe. Wenn er mit seiner jugendlichen Piratencrew den Markt des einen oder anderen Multis entert, hißt er das Virgin-Logo immer wieder wie einen modernen Totenkopf.

Branson kennt sein Image und setzt das Piratenmotiv geschickt ein, um sich Publicity zu verschaffen und die Konkurrenz zu bekämpfen. Das beherrscht er exzellent. Kurz nach der Gründung von Virgin Atlantic Airways lud Branson zum Beispiel die Fotografen der britischen Presse ein, damit sie seine Prahlerei dokumentieren konnten. Schauplatz: Heathrow, der größte Londoner Flughafen, wo British Airways ein Eins-zu-eins-Modell der Concorde in den Unternehmensfarben stehen hat.

Zum vereinbarten Zeitpunkt erschien Branson als Seeräuber verkleidet, mit Augenbinde, und ließ die Virgin-Farben auf die Concorde hinab. Damit stahl er der nationalen britischen Fluglinie die Schau und bot der Presse eine fantastische Fotogelegenheit. Sämtliche Tageszeitungen brachten Bilder davon, wie Branson und seine Virgin-Piraten das Flaggschiff von BA enterten. Lord King, der damalige Vorsitzende von British Airways, war über die Bilder angeblich so wütend, daß er fast selbst die Schallgrenze durchbrochen hätte.

Jeder kommt mal dran

Wenn es darum geht, Virgin als Underdog hinzustellen, brilliert Branson (denn selbst wenn es als Gruppe angesehen wird, ist Virgin in Wirklichkeit ein eigenständiges Großunternehmen). Es ist schwer, schlecht über einen Mann zu denken, der sich mit Unternehmen anlegt, die viel größer sind als seines oder zumindest so tun.

Sportfans wissen, daß sich neutrale Beobachter oft auf die Seite der Outsider schlagen. Das scheint auch in der Geschäftswelt so zu sein. Virgin als kleinen Player zu positionieren hat bedeutende psychologische Vorteile. Das Unternehmen spricht vor allem jene Konsumenten an, die sich nicht ernst genommen fühlen oder das Gefühl haben, in der Vergangenheit an der Nase herumgeführt worden zu sein. Sie fliegen auf den beherzten, hartnäckigen Stil des kleinen Helden, der den Kampf mit den rücksichtslosen Großen aufnimmt. Neutrale Beobachter, die zusehen, wie es ein frecher Newcomer mit der Macht eines Multis aufnimmt, können kaum umhin, der Kühnheit von Virgin zu applaudieren.

Das Gefühl, an einem heroischen Kampf teilzunehmen, stärkt auch die Motivation der Virgin-Mitarbeiter: Ihre Risikofreude und Begeisterung werden dem Bild eines schwerfälligen Muskelprotzes entgegengesetzt. Als Underdog hat Virgin alles zu gewinnen und nichts zu verlieren. Gleichzeitig heizt das Auftauchen eines großsprecherischen „Hippies" wie Branson im Territorium der Großen fast unweigerlich den Wettbewerb an und zwingt sie dazu, Fehler zu machen.

Klar ist: Branson sucht die Herausforderung. Wenn alles gegen ihn spricht und die Experten irgend etwas für unmöglich halten, läuft Branson zu seiner Höchstform auf. Wenn es der Kreuzzug erfordert, einen selbstzufriedenen Konkurrenten einer Schockbehandlung zu unterziehen, wird die Sache um so interessanter. Als ein Manager von Coca-Cola prahlte, daß „jeder, der unser Produkt nachahmen will, an unserer Größe und unserem unübertroffenen Marketing unweigerlich scheitern muß", scharrte Branson schon mit den Hufen.[2]

Der Virgin-Mann hat auch einen Instinkt für das Machbare. Über seine Entscheidung im Jahr 1984, ins Flugzeuggeschäft einzusteigen, sagt er: „Es war ein Schritt, der angesichts der wirtschaftlichen Bedingungen durchwegs als verrückt bezeichnet wurde, darunter auch von meinen engsten Freunden. Aber ich dachte, daß wir in dieses Geschäft etwas einbringen konnten, das andere nicht brachten."

Das richtige Schlachtfeld

In den Airline- und den Colamarkt einzusteigen beschloß Branson aber nicht aus einer Laune heraus, sondern wohlüberlegt. Obgleich Branson so tut, als würde er geschäftliche Bergriesen nur deswegen erklimmen, „weil sie zufällig da stehen", nimmt er fast ausnahmslos brachliegende Geschäftschancen aufs Korn.

Branson über die Herausforderung des Big Business:
„Wer es mit etablierten Marken aufnimmt, von denen viele nahezu eine Monopolstellung haben, muß damit rechnen, daß ihm alle möglichen Prügel vor die Beine geworfen werden, um seine Position zu schwächen."

Im Fall von Virgin Cola trat ein Soft-Drink-Unternehmen auf der Suche nach einem starken Markennamen mit einer Qualitätsformel für Cola an ihn heran. Bei Virgin Atlantic wandte sich Randolph Fields, ein junger Rechtsanwalt, der bereits viele Aktivitäten zur Gründung einer Airline gesetzt hatte, aber finanzielle Unterstützung brauchte, an Branson. Beide Chancen waren zu gut, als daß er sie sich hätte entgehen lassen können.

Manchmal sehen die sogenannten Experten allerdings nicht so klar – ein Punkt, auf den Branson bei jeder Gelegenheit hämisch hinweist. Etwa beim Vorstoß von Virgin in den britischen Finanzdienstleistungsmarkt.

„Wir beobachteten den Markt lange und genau und stellten fest, daß es zwar 600 Gesellschaften gab, die Aktiensparpläne – sogenannte PEPs –, Rentenfonds und ähnliches verkauften, daß sie aber alle fast gleich hohe Spesen verlangten. Da gab es am Anfang immer eine Provision (oft versteckt), eine hohe Jahresgebühr und mittendrin einen Herrn oder eine Frau Zehn Prozent, die noch einmal zehn Prozent Provision einstreiften. Es war wie ein riesiges Kartell ...“

„Interessant war, daß uns die Marketing-Gurus zuerst einmal im Chor das fatale Verdikt ‚Markenüberdehnung‘ entgegenschleuderten. Dabei bedachten sie gar nicht, daß die Sache ganz, ganz nah an dem grundlegenden Verkaufsargument angesiedelt ist, mit dem Virgin Atlantik seine transatlantischen Passagiere anspricht. Einfach ein Qualitätsprodukt mit Flair zu einem vernünftigen Preis. Und sie sahen nichts anderes als schon wieder ein neues Produkt von uns. Aber die normalen Leute, die mit dem Marketing-Quacksprech nichts anfangen können, sehen die Sache wie wir.“[3]

Es spricht noch etwas anderes dafür, sich die richtigen Schlachtfelder zu suchen. Eine der wichtigsten Lektionen, die jeder aufstrebende Unternehmer von Richard Branson lernen kann, lautet, daß jemand, der es mit dem Big Business aufnimmt, mit Troubles zu rechnen hat: Ein Gorilla, auf dessen Rücken eine Stechmücke sitzt, wird versuchen, sie zu zerquetschen (vor allem, wenn das Vieh dauernd penetrant surrt und sich in allen Zeitungen abbilden läßt).

„Wer es mit etablierten Marken aufnimmt, von denen viele nahezu eine Monopolstellung haben, muß damit rechnen, daß ihm alle möglichen Prügel vor die Beine geworfen werden, um seine Position zu schwächen. Mit solchen Angriffen leben wir seit vielen Jahren. Die Großen geben Unsummen für Schauergeschichten aus, mit denen sie deine Verkaufsargumente schwächen, oder, wenn möglich, überhaupt vernichten wollen, noch bevor sich die neue Marke etablieren kann."[4]

Virgin hat sich allerdings als ziemlich robuster Konkurrent erwiesen. Das hat zwei Gründe. Erstens war Branson nie bereit, sich vom Big Business überrollen zu lassen, und zweitens sucht er sich seine Schlachtfelder sehr, sehr sorgfältig aus.

Bei aggressiven Konkurrenten verfolgt Branson eine einfache Strategie: Jede Menge Krach schlagen, damit der Gorilla, der ihn zerquetschen will, irritiert wird, und dann in Ruhe zuwarten, bis er einen Fehler begeht. Wenn es soweit ist, trifft er ihn dort, wo es am meisten weh tut. Diese Technik wendete Branson schon mehrmals mit großem Erfolg an. (Ein paar ausgezeichnete Rechtsanwälte zur Seite zu haben schadet übrigens nicht.)

Dort treffen, wo es weh tut

Manchmal verlegt sich Branson im Kampf gegen einen größeren Rivalen auf eine Guerillataktik. Als die Airline Virgin Atlantic ihren Betrieb aufnahm, wurde in der Werbung der viel größeren British Airways ständig eins ausgewischt. Virgin war damals zwar noch viel zu klein, um ein ernsthafter Konkurrent zu sein, behauptete sich in dem Kampf aber ausgezeichnet.

Die bei British Airways damals vorherrschende Managementkultur war nicht gerade zimperlich, sie war sogar regelrecht aggressiv. In der Zentrale von BA galt Branson als Senkrechtstarter, der den Mund ganz schön voll - wenn nicht zu voll - nahm. Dazu hatte er nicht mal Erfahrung damit, wie man eine Airline führt, identifizierte sich aber mit Freddie Laker, einem anderen Senkrechtstarter, dessen Airline vor ihrem Konkurs viel zur Senkung der transatlantischen Flugpreise beigetragen hatte. Kein Wunder, daß die kecken

Publicity-Gags und sorgfältig formulierten Wortspenden Bransons dem Management von BA unter die Haut gingen.

Was dann passierte, ist immer noch unklar. Wahrscheinlich erbosten sich ein paar Manager über Bransons Vorgehensweise, die sie als Affront gegen ihr Unternehmen empfanden. In der Hitze des Gefechts machten sie offenbar Fehler und zogen einige harte Wettbewerbspraktiken - man könnte sie auch schmutzige Tricks nennen - durch, um die Geschäfte von Virgin zu stören. Angesichts der ernsthaften Bedrohung seiner Airline und möglicherweise der ganzen Virgin-Gruppe entschloß Branson sich zum Kampf.

In den USA konnte sich Branson auf die „ausgezeichneten Antitrust-Gesetze" stützen, um BA vor die Gerichte zu zerren. In Großbritannien setzte er jedoch auf einen Kampf anderer Art. Er wußte ja, daß die Wettbewerbsgesetze in Großbritannien nicht so streng waren, und beschloß daher, BA öffentlich zu demütigen.

Branson erzählte der Presse, daß BA eine Kampagne mit schmutzigen Tricks gegen Virgin Atlantic führe. Die Behauptungen schienen so weit hergeholt zu sein, daß die britische Presse nicht wußte, was sie davon halten sollte. Schließlich griff ein Fernsehjournalist die Sache auf. Der Beitrag, den er daraus gestaltete, trug den Titel „Violating Virgin" (Die Jungfrau wird vergewaltigt) und brachte überzeugende Beweise für Bransons Behauptungen.

Als sich der Reporter an BA wandte, um eine Stellungnahme dazu einzuholen, schrieb der Sprecher des Unternehmens: „...fiel er darauf herein, sich von Richard Branson für Propagandazwecke benutzen zu lassen, der vorsätzlich Konflikte mit BA sucht, um für sich selbst und sein Unternehmen Publicity zu machen und dem Ruf von BA nachhaltig zu schaden".

In dem Versuch, seine Mitarbeiter zu beschwichtigen, veröffentlichte BA dieses Schreiben dann in der Firmenzeitung BA News, und der Mediensprecher des Unternehmens entwarf auch einen Brief des Vorsitzenden von BA, Lord King, an die Autoren des Fernsehfilms. In dem Brief wurde Branson beschuldigt, „gegen uns eine fortgesetzte Kampagne in den Medien" zu führen, und: „Es hat den Anschein, daß das Motiv von Mr. Branson darin besteht, die Werbetrommel für sich uns sein Unternehmen zu rühren."

Das war ein Fehler, und Richard Branson strafte BA umgehend dafür. Unter Bezugnahme auf die beiden Schreiben klagte er BA und seinen Vorsitzenden wegen übler Nachrede.

Anfang 1993 verglich sich British Airways in diesem Verfahren für 610.000 britische Pfund. Das war zu diesem Zeitpunkt die höchste Summe, die in Großbritannien in einem solchen Verfahren je bezahlt worden war. Dazu kamen alle Rechtskosten, so daß der gesamte Schaden für BA schätzungsweise über 5 Millionen Pfund betrug.

Wie eine Zeitung 1993 schrieb: „Die Affäre der schmutzigen Tricks brachte Branson mehr als nur die 610.000 Pfund an Schadenersatz und die öffentliche Entschuldigung seines Erzfeindes Lord King. Sie stärkte sein positives Image in der Öffentlichkeit, die sich instinktiv hinter den kleinen Mann stellte, der den Kampf gegen einen rücksichtslosen Giganten aufgenommen hatte. Jetzt wollte jeder Anteil am Branson-Mythos haben."[5]

Unlängst war Branson die beklagte Partei in einem Prozeß wegen übler Nachrede - aber auch hier gewann er. Die Klage wurde von Guy Snowden, dem Vorsitzenden der amerikanischen Spielegesellschaft GTech, und einem Vorstandsmitglied der britischen Lotteriegesellschaft Camelot gegen Branson eingebracht. Nachdem Branson mit seiner eigenen Bewerbung um die Leitung der Lotterie durch ein Konsortium gescheitert war, behauptete er, Snowden hätte ihn zu bestechen versucht, um ihn dazu zu bewegen, seine Bewerbung zurückzuziehen. Snowden bestritt das und verklagte Branson wegen übler Nachrede. Das war ein Fehler.

Ein Rechtsanwalt erklärte dazu, daß Richard Branson in

Einen Gegner suchen, der größer ist als man selbst

Sich mit den Großen anzulegen ist so etwas wie ein Glaubensbekenntnis für Virgin - aber auch ein wichtiger Faktor für Bransons Erfolg. Neben den bekannten Nachteilen bringt der Angriff auf dominante Marktpositionen auch einige wichtige Vorteile mit sich. Märkte, die von großen Playern dominiert werden, zeichnen sich meist durch fette Gewinnspannen aus und bieten großen Spielraum zum Geldverdienen. Zudem versetzen sie Virgin in die Lage, in die Rolle des Underdogs zu schlüpfen, etwas, was sich bei Kunden, Mitarbeitern und Medien positiv auswirkt.

Die erste Lektion aus Bransons Geschäftsstrategie lautet deshalb:

◆ ***Das Geschäft zu einem Kreuzzug machen.*** *Branson verfügt über die bemerkenswerte Gabe, fast alles, was er tut, als Kreuzzug hinzustellen. Damit verleiht der Marke Virgin moralische Autorität.*

◆ ***Die Piratenflagge hissen.*** *Branson genießt eher den Ruf eines Freibeuters als den eines Kreuzritters. Seine Anziehungskraft verdankt er seiner vollkommenen Respektlosigkeit gegenüber Autoritätspersonen, einem hämischen Sinn für Humor und dem Vergnügen daran, das Big Business zu irritieren.*

◆ ***Den Underdog spielen.*** *Wer könnte schlecht denken über einen Mann, der es mit Unternehmen auf nimmt, die viel größer sind als seines oder es zumindest so aussehen?*

> ◆ **Das richtige Schlachtfeld aussuchen.** *Obwohl Branson gern so tut, als würde er Bergriesen nur deshalb besteigen, „weil sie zufällig da stehen", reagiert er in fast allen Fällen auf spezifische Geschäftschancen, die sich ihm bieten.*
>
> ◆ **Dort treffen, wo es weh tut.** *Branson wendete im Kampf gegen einen überlegenen Rivalen in mehreren Fällen erfolgreich eine Guerillataktik an.*

einem solchen Prozeß ein Alptraum sei. Von allen VIPs in Großbritannien hat er den besten Ruf und alle mögen ihn.

Nicci Gerard über den Fall Branson gegen Snowden:
„Ein Typ aus Chariots of Fire *hatte einen Typen aus* Goodfellas *besiegt."*

Dank ihrer Vorliebe für Helden und Bösewichte belegte die britische Presse Snowden mit der Rolle des Bösewichts und Richard Branson mit der Rolle des Helden der kleinen Leute. Sein Sieg vor dem Höchstgericht führte dazu, daß Snowden von seiner Stelle bei Camelot zurücktreten mußte. Branson spendete die 100.000 Pfund Schadenersatz wohltätigen Zwecken.

Ein Journalist schrieb: „Ein Typ aus *Chariots of Fire* hat einen Typen aus *Goodfellas* besiegt."[6]

Anmerkungen

1 Hoskings, Patrick, im *Independent*

2 Brown, Mick, „Richard Branson: The Authorized Biography", Headline 1998

2 Mitchell, Alan, „Leadership by Richard Branson", *Amrop International*, 1995

3 Branson, Richard, „BBC Money Program lecture", Juli 1998

4 Branson, Richard, „BBC Money Program lecture", Juli 1998

5 Davidson, Andrew, „Virgin's Angel: The rise and rise of Richard Branson", *Sunday Times Magazine*, 30. Mai 1993

6 Gerrad, Nicci, „Why do we love Richard Branson?" *The Observer*, 8. Februar 1998

Do the Hippie, Hippie Shake

*Als ich anfing, wußte ich nicht, daß man auch auf andere Art
Geschäftsmann sein konnte. Heute sehe ich die Aufgabe meines
Unternehmens darin, seine Glaubwürdigkeit und Macht dazu zu
verwenden, die Welt zu verbessern.*

Ben Cohen, Mitgründer von
Ben & Jerry's Homemade[1]

Seine Zwanglosigkeit und seine nonkonformistische Einstellung haben Richard Branson den Ruf eines „Hippie-Kapitalisten" eingetragen. Die für den Achtundsechziger so charakteristische Anzugaversion machte ihn zu einem der „New-Age-Manager", denen auch Anita Roddick von der Naturkosmetikgesellschaft Body Shop und die Verfechter von Liebe und Eiscreme, Ben Cohen und Jerry Greenfield von Ben and Jerry's Homemade, zugerechnet werden.

In den sechziger Jahren marschierte Branson wie so viele langhaarige Männer und Frauen in die amerikanische Botschaft in London, um für das Ende des Vietnamkriegs zu demonstrieren. In seinem Magazin *Student* gab er politischen Aktivisten wie der Schauspielerin Vanessa Redgrave ein Forum. Aber viel stärker als die Sache der Hippies zog ihn das pulsierende Treiben in London an.

Das Etikett „Hippie" ist in Bransons Fall irreführend. Tatsächlich war seine Nähe zu Flower Power und der Studentenbewegung der sechziger Jahre weniger ein Bekenntnis zu einer festgefügten Gruppe von Prinzipien oder politischen Überzeugungen als vielmehr eine bewußte Anpassung an den Zeitgeist. Dieses Gefühl für alles, was hip und trendy ist, ist seit jeher kennzeichnend für Branson. Es ermöglicht ihm, die Marke Virgin stets als „coole" Alternative zu dem zu präsentieren, was die Geschäftsleute im Nadelstreif anbieten.

Branson war mit dem Etikett „Hippie" nie recht glücklich. Präziser wäre schon „Gegner der Großkonzerne". Er hat eine gesunde Respektlosigkeit gegenüber der Überheblichkeit und dem Allmachtsbewußtsein des Big Business. Vor allem aber machen ihn die Leute, die sich hinter Anzügen und Krawatten verstecken, oder die Absolventen von Business Schools, die glauben, daß man ein Unternehmen nur mit dem Rechenstift führen kann, regelrecht ungeduldig.

Das, was Branson in den sechziger Jahren im britischen Wirtschaftsestablishment sah, gefiel ihm gar nicht. „Mit einigen wenigen Ausnahmen hat das Großbritannien der Nachkriegszeit eine Geschäftskultur hervorgebracht, die wettbewerbsfeindlich, von Kartellen dominiert und patriarchalisch ist", sagte Branson. Er schwor sich, diese Kultur zu zerschlagen, und er verdiente ein Vermögen, indem er den Leuten Alternativen anbot.

Branson über das britische Wirtschaftsestablishment:

„Mit einigen wenigen Ausnahmen hat das Großbritannien der Nachkriegszeit eine Geschäftskultur hervorgebracht, die wettbewerbsfeindlich, von Kartellen dominiert und patriarchalisch ist."

Auch hier zeichnen Dichtung und Wahrheit ein Bild Bransons, das für Interpretationen aufreizend offen ist. „Als Kind der revolutionären Sechziger brachte er eine einzigartige Synthese der Werte der Jugendrevolution und eines modernen Unternehmens zustande", meint ein Kommentator.[2]

Seine Alternativstrategie, so sein Biograph Mick Brown, bestand darin, „den Idealismus der Zeit aufzugreifen und ihn in das diffuse Vorhaben zu verwandeln, ‚etwas für junge Leute zu tun' – vor allem, wenn ihm dieses Etwas Spaß machte und spannend und herausfordernd für ihn war".

Branson interessierte sich für alles, was gerade lief. Wie mit Antennen spürt er immer die neuesten Trends auf, und setzt mit der Marke Virgin sofort auf die neue Einnahmenquelle. In den sechziger Jahren war es natürlich die Hippieszene. In den siebziger Jahren nahm sein Plattenlabel Künstler wie Mike Oldfield und Tangerine Dream unter Ver-

Die Richard-Branson-Methode

trag. In den achtziger Jahren verhalf es dem Punk zum Durchbruch, indem es die Sex Pistols, die von anderen als zu kontroversiell abgelehnt wurden, unter seine Fittiche nahm.

Wie ein Journalist schrieb: „Es scheint, als hätten wir die ganze Zeit über etwas falsch verstanden: Er war kein Hippie, der Geschäftsmann wurde, sondern er war ein Geschäftsmann, der in die Hippiewelt hinabgestiegen war (und in die Punkwelt und dann in die nächste Marktlücke, die er zufällig entdeckte)."[3]

Politik interessiert Branson nicht besonders, obwohl angesichts seiner Popularität und seines Einflusses auf junge Menschen natürlich immer wieder Politiker an seine Tür klopfen. In den achtziger Jahren wurde er mit Margaret Thatcher fotografiert. Aber auch wenn sie ihn gern als erfolgreiches Beispiel ihrer Politik hinstellte, standen die beiden einander doch nie nahe. In letzter Zeit wird Branson in Verbindung zur Regierung von Tony Blair gebracht.

In Wahrheit bedeuten ihm Ideologien nicht besonders viel. Sein Credo lautet Pragmatismus – eine Tatsache, die sich in seiner Bereitschaft widerspiegelt, mit Regierungen verschiedener Couleurs zusammenzuarbeiten. In seinem Herzen steht er in sozialen Fragen links von der Mitte, aber er ist kein Fanatiker. „Ich nehme an, daß ich links bin – allerdings nur insoweit, als ich glaube, daß Linke nicht von Sinnen, sondern durchaus vernünftige Leute sind", erklärte er gegenüber der linksgerichteten Zeitung Guardian. „Ein Utopist, aber ein fast unpolitischer", beschrieb ihn einer seiner ehemaligen Mitarbeiter.

Geld ist nicht alles

„Geld motiviert ihn nicht", sagt ein Freund, der Branson seit 25 Jahren kennt. „Es ist für ihn nicht wichtig. Er käme auch ohne Geld gut zurecht." Wie etwa auf seinen Weltreisen.

Manche betrachten das als Spleen eines Millionärs, andere wiederum sagen, Geld sei für Branson bloß ein Maß für seinen Erfolg. Irgendwie schafft er es, auch andere davon zu überzeugen, daß Geld allein nicht alles ist.

Virgin bezahlt seine Mitarbeiter traditionell eher karg. Viele Virgin-Mitarbeiter arbeiten für weniger als das übliche Gehalt, weil ihnen die turbulente Atmosphäre so gut gefällt. (Das Unternehmen versucht, seinen loyalen Mitarbeitern eine langfristige Karriere zu sichern.)

Der Cousin eines Mitarbeiters, der an Bransons erstem geschäftlichem Projekt mitwirkte, erinnert sich zum Beispiel an seinen ersten Eindruck von dem aufstrebenden Unternehmer. Als er in die Albion Street kam, wo das Magazin seinen Sitz hatte, war er überrascht, von Branson mit einer Umarmung begrüßt zu werden. „Das kam mir zwar ziemlich verrückt vor, aber das ganze Drumherum war ziemlich aufregend – und es war eine freundliche Umarmung."

Das mußte es auch sein, denn damals bekam keiner der Mitarbeiter des Magazins auch nur einen Groschen.[4] Viele erwähnen die außerordentliche Begabung Bransons, die Leute für wenig oder überhaupt kein Geld zum Arbeiten zu bringen, und das auch noch ohne jede persönliche Vorteile für sie. Manche schreiben dieses Phänomen der Tatsache zu, daß Branson den Leuen irgendwie das Gefühl gibt, das Ganze diene einem höheren Zweck oder irgendeiner edlen Idee. Aber niemand kann genau sagen, was es ist. Irgendwie überzeugt Branson ansonsten rationale Leute davon, daß es „Spaß" mache, auf finanziellen Lohn zu verzichten.

Branson bezahlt auch nicht gern hohe Managergehälter. Auch wenn er einige seiner langjährigen Führungskräfte zu Millionären gemacht hat, indem er ihnen Anteile am Unternehmen schenkte, lockt er seine Leute nur ungern mit finanziellen Anreizen, und er ist durchtrieben genug, statt Anteilen an der ganzen Gruppe nur Anteile an einzelnen Unternehmen anzubieten, die viel weniger wert sind.

Trotz seines Reichtums ist Bransons auch selbst kein Materialist, jedenfalls gemessen an den Standards eines Milliardärs. Es stimmt zwar, daß er eine Insel in der Karibik besitzt, die inzwischen der Virgin Group überschrieben wurde, und daß er mehrere Wohnsitze auf der ganzen Welt unterhält, aber im Gegensatz zu anderen Reichen protzt er nicht mit seinem Besitz. Er sammelt keine sündteuren Kunstwerke, Autos oder Pferde (eine seltene Entenart auf seinem Besitz in Oxfordshire zählt da wohl nicht wirklich). Er haßt es, Kleidung zu kaufen, und er ist bekannt für seine billigen Schuhe und geschmacklosen Pullover. Überhaupt läßt er lieber seine Frau für ihn einkaufen gehen.

Menschen, die mit ihm arbeiten, sagen, daß er arrogant sein kann, aber nie grob wird. Es interessiert ihn nicht, mit dem internationalen Jet Set herumzuhängen, obwohl er im Music-Business schon mit dem einen oder anderen Rockstar zusammentrifft – meist auf seinen eigenen Parties. Wie es ein Virgin-Mitarbeiter ausdrückt: „Für ihn ist alles ein Spiel. Er betrachtet das Leben als eine kosmische Version von Monopoly."[5]

Kein Krawattenzwang

Bransons Abneigung gegen Anzug und Krawatte ist legendär und macht ihn und die Marke Virgin unverwechselbar. Allerdings trägt er jetzt neben den gemusterten Sweatern, die sein Markenzeichen sind, schon mal das eine oder das andere Sportjackett. Als das Unternehmen an die Börse ging und Branson die Virgin-Aktien bewerben mußte, ließ er sich sogar zu Nadelstreifanzug und Melone herbei. Trotzdem ist seine Art „Power dressing" mehr als leger.

Aber auch hier ist er nicht das, wofür ihn die Hippies halten. Der junge Unternehmer war eher Streber als Beatnik. „Der schlotternde Pullover, die zerrauften Haare, die schwarze Hornbrille, die an der Brücke einen Sprung hatte und mit Klebeband zusammengehalten wurde, verliehen ihm das Aussehen eines genialen Schuljungen – ein Image, das er nie ganz abgelegt hat", merkt Mick Brown in seiner Branson-Biographie an.[6]

Mit seiner Vorliebe für zwangloses Outfit hebt sich Branson von der Masse ab – sehr zu seinem Vorteil. Eine Geschichte verdeutlicht die Wirkung seiner Art des „Power dressing" besonders: In den Anfangstagen von Virgin begann man sich an den Anblick von Männern mit Pferdeschwanz und Frauen in Jeans und T-Shirt, die bei Coutts, einem der ältesten und konservativsten britischen Bankhäuser, ein und aus gingen, zu gewöhnen. Deshalb war es ganz natürlich, daß sich das Unternehmen, als es eine lebensbedrohende Cash-flow-Krise durchmachte, an die Bank um Hilfe wandte.

So wurde ein Treffen zwischen Branson und dem für Virgin zuständigen Kundenmanager von Coutts vereinbart. An diesem Tag erschien der junge Unternehmer wie üblich in Jeans und T-Shirt bei der Arbeit. „Richard", sagte einer seiner Kollegen, „meinst du nicht, du solltest heute lieber einen Anzug anziehen?" Der junge Branson grinste. „Wenn ich plötzlich mit Anzug und Krawatte in der Bank auftauche", erklärte er, „wissen sie, daß wir wirklich in der Scheiße stecken." Jedenfalls ging Branson in Jeans zu dem Meeting und erklärte seinen Bankern, daß das Unternehmen so schnell expandiere, daß er einen größeren Kreditrahmen benötige, um den vielen Aufträgen nachkommen zu können. Die Bankleute sahen sich den saloppen, selbstsicheren jungen Mann an und stimmten zu.

Der Journalist Andrew Davidson, der Branson interviewte, erzählt eine andere Geschichte, die charakteristisch ist für die Einstellung des Vorsitzenden von Virgin gegenüber dem britischen Geschäftsestablishment.[7] Branson, der bei der Jahreskonferenz in der Royal Albert Hall einen Vortrag halten sollte, beantwortete in einem provisorischen Büro in seinem Haus in Holland Park die Fragen des Journalisten. Er trug eine graue Hose, billige schwarze Schuhe und einen handgestrickten Pullover. Da fragte seine Sekretärin, die im nächsten Zimmer saß, wo denn sein Anzug sei. Er stöhnte. „Muß ich denn einen Anzug anziehen?"

„Ohne nachzudenken", berichtet Davidson, „erzählte ich ihm, daß ich vor Jahren aus dem Institute of Directors geflogen war, weil ich vergessen hatte, eine Krawatte umzubinden. Dagegen sind diese Leute allergisch. ‚Aha, alles klar', rief Branson seiner Sekretärin im Nebenraum zu. ‚Kein Anzug, Penni. Ich gehe, wie ich bin.' Er wußte, daß er als einer der wichtigsten Vortragenden wohl kaum abgewiesen werden konnte."

Power to the People

In einem ist Branson tatsächlich ein Kind der sechziger Jahre: in seinem Umgang mit den Leuten, die für ihn arbeiten. Branson glaubt an die Macht, die von den Menschen ausgeht. Die Marke Virgin baute er auf dem Grundsatz auf, daß die Menschen – Kunden und Mitarbeiter – an erster Stelle kommen müssen. Er ist geprägt von den demokratischen Idealen der sechziger Jahre und spürt instinktiv, daß alle Menschen eine respektvolle Behandlung verdienen. Heute haben die Unternehmen in aller Welt alle Hände voll damit zu tun, ihre Hierarchien abzubauen und die nach außen sichtbaren Zeichen der Privilegien ihrer Führungskräfte zu verwischen. Da er den Verlockungen von Status und Macht von Anfang an widerstand, hatte Branson die Nase vorn.

Branson sagt oft, daß die Virgin-Crew eine große Familie ist. In den Anfangsjahren bekam jeder neue Mitarbeiter von Virgin Bransons private Telefonnummer mit dem Hinweis, er solle ruhig anrufen, wenn er eine gute Idee oder auch eine Beschwerde habe. Bis heute wird Branson von der gesamten Belegschaft mit dem Vornamen angesprochen.

Kennzeichnend für Branson ist auch, daß er, als der Virgin Megastore in New York eröffnet wurde, alle Besatzungen der Virgin-Atlantic-Flugzeuge, die an diesem Abend zufällig in der Stadt waren, dazu einlud. Eine weitere typische Branson-Geste war es, die 610.000 £ Schadenersatz von British Airways weiterzugeben. Das Geld wurde gleichmäßig unter allen Virgin-Mitarbeitern aufgeteilt. Jeder erhielt 166 £, den sogenannten „BA-Bonus". Damit vermittelte Branson seinen Leuten, daß sie alle gemeinsam einen großen Sieg errungen hatten.

Branson bleibt seiner Mannschaft in guten wie in schlechten Zeiten treu. Mitarbeiter, die entlassen werden, können sich direkt an den Boß wenden. Jeder weiß, daß er persönlich interveniert, wenn er findet, daß der Einspruch gerechtfertigt ist. Auch als das Flugliniengeschäft während des Golfkriegs und der Rezession der frühen neunziger Jahre darniederlag, war Virgin zwar sorgfältig darauf bedacht, Doppelgleisigkeiten zu vermeiden, schaffte es aber, zwischen 1991 und 1993 niemanden zu entlassen.

„Wir taten alles, um Entlassungen zu vermeiden", sagt Branson. „Einige nahmen Urlaub bei halbem Lohn, und wir vereinbarten, daß sie ihre Jobs zurückhaben konnten, sobald das Geschäft wieder besser wurde."

Interessanterweise machte Branson aus der Tatsache, daß er weiterhin die Mehrheit der Virgin-Aktien besitzt, eine Tugend – schließlich sind die Mitarbeiter auf diese Weise geschützt. Seine Entscheidung, das Unternehmen wieder in den Privatbesitz zurückzuführen, nachdem er damit an die

Londoner Börse gegangen war, gibt ihm mehr Freiheit, ein fürsorglicher Chef zu sein, sagt er.

„Wichtig ist, daß ein Privatunternehmen Entscheidungen treffen kann, die einer Aktiengesellschaft viel schwerer fallen. Die Mitarbeiter kommen zuerst. Auch wenn das bedeutet, 5 Mio. £ weniger Gewinn zu machen. Es ist wie in einer Familie – obwohl das Wort ‚Familie‘ im Zusammenhang mit Unternehmen oft mißbräuchlich verwendet wird. Wie schwer die Zeiten auch sind – seine Kinder wirft man doch nie hinaus. Jedes bekommt einfach ein bißchen weniger. Genauso sollte es in einem Unternehmen sein.“[8]

Branson über die Interessen der Mitarbeiter:
„Die Mitarbeiter kommen zuerst. Auch wenn das bedeutet, 5 Mio. £ weniger Gewinn zu machen.“

Sex, drugs and rock 'n' roll

Bei Virgin lautete das Motto von Anfang an, das Nützliche mit dem Angenehmen zu verbinden. Von den frühesten Tagen an war die Virgin-Philosophie: Wer hart arbeitet, soll auch viel Spaß haben. Jahrelang verbrachte die gesamten Belegschaft der Plattenfima, des Verlags und des Studioteams gemeinsame Wochenenden auf Kosten des Unternehmens. Von Freitag bis Sonntag abend zogen sich alle in ein Hotel auf dem Land zurück.

Wie Tim Jackson in seinem Buch *Virgin King* schreibt: „Theoretisch mußte man nicht teilnehmen, aber denen, die nicht kamen, wurde halb im Scherz gesagt, man erwarte, daß sie das Wochenende bei der Arbeit im Büro verbrächten.“

„Im Hotel hätten andere Plattengesellschaften über Verkaufsziele oder neue Produkte gesprochen. Bei Virgin war das

Geschäft kein Thema. Statt dessen spielte man Tennis oder Golf, ging schwimmen oder sonnte sich, aß und trank nach Kräften, konsumierte die eine oder die andere Droge und widmete die Abende dem Sex."[9]

Es paßt auch zu Branson, daß er ein Auge zudrückte, als *Mayfair* vor etwa zehn Jahren Nacktfotos seiner Frau Joan brachte. Andere Millionäre hätten versucht, das Magazin an der Veröffentlichung der Bilder zu hindern, doch Branson war entzückt, daß die ganze Welt sah, wie schön die Mutter seiner Kinder war.[10] Als ihn ein Virgin-Mitarbeiter später wegen der Fotos aufzog, gab Branson zurück, er hätte das Magazin um Farbvergrößerungen gebeten: die wolle er über seinem Bett aufhängen.

Die Büroräume von Bransons erstem Magazin *Student,* das er nach seinem Abgang von der Schule gegründet hatte, ähnelten angeblich eher einer Hippie-Kommune als einem Pressebüro. Fristen wurden versäumt, der Verlag verlor Geld und ging schließlich in Konkurs, aber die Leute, die an dem Magazin mitarbeiteten, unterhielten sich großartig. Während andere Unternehmen „Brainstorming-Sitzungen" veranstalteten, lehnten sich die Redakteure des Magazins lieber zurück und rauchten ein Pfeifchen Dope.

Bransons nächstes Projekt war erfolgreicher, wenn auch die Einstellung dieselbe blieb. Ein Zeitgenosse berichtet: „Das neue Unternehmen – ein Plattenversand – war in einem Büro untergebracht, in dem die Luft von Marihuanarauch vernebelt war. Der erste Auftrag des Tages bestand im Drehen von Joints. Der phantasievolle Name des Unternehmens wurde in einer solchen Dope-Sitzung geboren."[11]

(Ob Branson selbst auch inhalierte, läßt sich schwer sagen. Kürzlich wurde er in einer Fernsehdokumentation der BBC gefragt, ob es irgendein Produkt gebe, dem Virgin niemals seinen Namen geben würde. Vernünftigerweise wich er der Frage aus, meinte aber, daß Virgin, falls Haschisch legalisiert würde, sein Logo eher auf Cannabiszigaretten als auf solche aus Tabak aufdrucken würde.[12])

Mittlerweile brachte die Musik genug Geld. Virgin eröffnete nicht nur eine Reihe von Plattengeschäften; bereits in den Siebzigern leistete das Plattenlabel Grundsätzliches für das Musik-Business, indem es Größen wie Mike Oldfield, Tangerine Dream, Boy George und schließlich auch die Sex Pistols unter Vertrag nahm. Sogar an die Götter des Rock 'n' Roll, die Rolling Stones, wagte es sich heran. (Die Gewinne des Mike-Oldfield-Albums *Tubular Bells* und in einem geringeren Maß auch des Albums *Phaedra* von Tangerine Dream finanzierten noch drei Jahre nach ihrem Erscheinen das ganze Virgin-Unternehmen und seine Erweiterung. Später brachten die Erlöse der Alben von Culture Club genug, um die weitere Existenz der Virgin-Gruppe zu sichern.)

Trotz der Größe des Unternehmens spielt das soziale Engagement bis heute eine wichtige Rolle. Jedes Jahr veranstaltet Branson bei sich zu Hause etliche Partys für die Virgin-Mitarbeiter. Alle kommen, von den höchsten Managern über die Crews der Fluglinie, Verkäufer, Flugzeugingenieure und Soft-Drink-Experten bis hin zu den Sekretärinnen. Und alles wird geboten: Rummelplatz, Grill, Hüpfburgen, Rudern auf dem nahe gelegenen Fluß und andere Aktivitäten. Es ist auch eine Tradition von Virgin, daß Branson im Lauf des Wochenendes mehrere Male selbst im Wasser landet.

Shake it up Baby

Eine weitere Triebfeder Bransons ist es, die Märkte, die er erobert, und das gesamte Establishment durcheinanderzubringen. Die Branchen, die Virgin entert, sind danach meist nicht wiederzuerkennen. Es ist typisch für den Rebell Branson, sich Sektoren zu suchen, die nach Neuerungen geradezu schreien. Dort ist man meist ziemlich phantasielos und taub gegenüber den Bedürfnissen der Konsumenten. In manchen Fällen wird die traurige Situation von den Konsumenten schulterzuckend akzeptiert – „So ist es eben". Doch dann kommt Branson und sagt: „Aber so muß es nicht sein." Ein klassisches Beispiel war Virgins Eintritt in den britischen Finanzdienstleistungsmarkt. Es gibt kaum Eigenartigeres als die Virgin-Piraten, die plötzlich über Renten und Investmentpläne sprachen. Aber sobald klar war, daß sie es ernst meinten, war alles ganz natürlich. Virgin, das Unternehmen, das bei den Leuten von der Straße große Glaubwürdigkeit genoß, bot jungen Menschen eine Alternative zu den trägen, selbstherrlichen Banken und Versicherungsgesellschaften: einen direkten Finanzservice ohne viel Mätzchen.

Dazu brauchte Branson allerdings jemanden, der sich in der Finanzwelt auskannte. Er mußte dort gearbeitet haben, sich ihr aber nicht zugehörig fühlen. Rowan Gormley war, von einem Risikokapitalunternehmen kommend, 1991 zu Virgin gestoßen. Mehrere Jahre lang hatte er mit Branson zusammengearbeitet und dabei Hunderte Geschäftsideen, die damals an das Unternehmen herangetragen wurden, gesichtet. Er kannte die Erfolgsformel von Virgin. Es war Gormley, der seinen Chef mit der Idee konfrontierte, sich in das Renten- und Lebensversicherungsgeschäft zu wagen.

Anfangs meinte sogar Branson, das ginge zu weit. Als 46jähriger kannte er sich schließlich mit Pensionen noch nicht so gut aus - und mit den Millionen, die er auf der hohen Kante hatte, würde er wohl auch nie eine brauchen. Sein Vermögen verdankte er seiner Risikobereitschaft. Und Renten fand er weder sexy noch unterhaltsam.

Aber Gormley argumentierte anders. Er betonte, daß ein enormer Prozentsatz der Zahlungen, die die Leute für ihre Pensionen und Lebensversicherungen leisteten, für Verwaltungsgebühren und Spesen draufging. Auch Fondsmanager und Investmentgesellschaften verrechneten fette Provisionen dafür, daß sie das Geld ihrer Kunden verwalteten. Inzwischen hatten aber bereits mehrere neue Unternehmen wie Direct Line und First Direct gezeigt, daß Direct Banking und Versicherungen, die telefonisch und nicht über die Zweigstellen in den Stadtzentren abgeschlossen wurden, in Großbritannien gangbare Modelle waren.

Das Ganze hatte noch einen zusätzlichen Reiz. Der Dämpfer, den Branson bekommen hatte, als Virgin an der Börse notierte, hatte sein Mißtrauen gegenüber den Investmentbankern geschürt. Fondsmanager, die entschieden, welche Anleihen gekauft und verkauft werden sollten, waren nicht nur arrogant, sondern oft auch schlecht über den tatsächlichen Wert und über die Prioritäten der Unternehmen, deren Anteile sie handelten, informiert. Gormley bestätigte das und erklärte, daß es lohnender sei, den FTSE-Index zu beobachten, als in einen gemanagten Fonds zu investieren. Virgin sollte daher einen auf Indexbeobachtung basierenden PEP* auf den Markt bringen.

In der Investmentgemeinde waren indexgebundene Fonds, so erzählte er Branson, jahrelang ein wohlgehütetes Geheimnis gewesen, zum Teil deswegen, weil sich gezeigt hatte, daß sie für gewöhnlich besser abschnitten als Investmentfonds. Mit einem auf Indexbeobachtung basierenden PEP, der an die Leistung der besten Unternehmen der Börse gebunden war, konnten die Investoren am Aktienmarkt teilnehmen, ohne von Maklern oder Fondsmanagern belästigt zu werden und ihnen hohe Provisionen zu bezahlen. Damit ließ sich die Branche durcheinanderwirbeln, und das gefiel Branson.

Was auf den ersten Blick wie ein exotisches Unterfangen ausgesehen hatte, erwies sich schnell als weit klaffende Marktlücke. Erst aus dem Blickwinkel von Virgin erschien es als das, was es war. (Aktuelle Berichte, denen zufolge die leitenden Manager von Virgin Direct das Unternehmen von

---

* PEP: Personal Equity Plan - Vermögensbildungsplan

Branson distanzieren wollen, weil sie bezweifelten, daß Branson der Richtige sei, um für Finanzprodukte zu werben, lassen allerdings darauf schließen, daß das Ganze doch nicht so toll läuft. Schließlich ist Richard Branson kein Banker oder Buchhalter – nicht einmal ein „Erwachsener" im herkömmlichen Sinn. Das gilt auch für die meisten Kunden von Virgin. Es gefällt ihnen, etwas mit dem Vorsitzenden von Virgin gemeinsam zu haben. Deshalb spricht der Name Virgin sie an, und sie vertrauen Branson auch persönlich.)

„Wenn ich sehe, wie selbstgefällig und behäbig eine Branche ist, juckt es mich sofort in den Fingern, sie ein wenig durcheinanderzuschütteln", sagte Branson anläßlich der Gründung von Virgin Direct. Er setze auf den Namen Virgin, so sagte er, um das Mißtrauen auszuräumen, das die Leute von der Straße normalerweise gegenüber den Typen von der Wall Street hegen.

Do the Hippie, Hippie Shake

Wegen seines zwanglosen Führungsstils und seiner non-konformistischen Einstellung wird Richard Branson „Hippie-Kapitalist" genannt. Hippie ist er keiner, aber sein alternativer Managementstil hält für jene, die Geld und nicht Krieg machen wollen, doch einige Lektionen bereit:

◆ **Geld ist nicht alles – Business ist mehr als Geldverdienen.** *Trotz seines Reichtums interessiert sich Branson überraschend wenig für materielle Dinge. Irgendwie schafft er es auch, andere davon zu überzeugen, daß Geld nicht das Wichtigste auf der Welt ist.*

◆ **Die Kleidung sollte leger sein.** *Bransons Abneigung gegen Anzug und Krawatte ist legendär. Sein informeller Kleidungsstil hebt ihn von den „grauen Geschwadern" der Geschäftswelt ab – sehr zu seinem Vorteil.*

◆ **Die Menschen kommen zuerst.** *Branson glaubt an die Macht, die von den Menschen ausgeht. Er baute die Marke Virgin darauf auf, daß die Menschen – Kunden und Mitarbeiter – an erster Stelle stehen.*

◆ **Everybody must get stoned.** *Virgins Motto lautete von Anfang an, das Angenehme mit dem Nützlichen zu verbinden. Die Virgin-Philosophe: Wer hart arbeitet, soll auch Spaß haben.*

◆ **Nicht Imitation, sondern Innovation.** *Gut fürs Geschäft ist auch Bransons Eigenschaft, die Märkte, die er erobert, und das Establishment im allgemeinen durcheinanderzuschütteln. Die Branchen, die von Virgin geentert werden, sind danach meist nicht wiederzuerkennen.*

Der Vermögensbildungsplan von Virgin entwickelte sich in Großbritannien rasch zu dem Finanzprodukt mit den rasantesten Zuwachsraten. Im ersten Jahr verkaufte Virgin Direct PEPs im Wert von 400 Mio. £ an 75.000 Investoren. Ende 1997 hatten 200.000 Kunden in den Plan investiert, und Virgin Direct verwaltete über 1 Mrd. £. Bransons nächstes logisches Ziel ist wohl das Personal Banking. Wenn er das in Angriff nimmt, wird auf dem Finanzdienstleistungsmarkt kein Stein auf dem anderen bleiben.

Anmerkungen

1 Cohen, Ben, *The Globe and Mail,* Mai 1998

2 Mitchell, Alan, „Leadership by Richard Branson", *Amrop,* 8. Februar 1995

3 Gerrard, Nicci, „Why do we love Richard Branson?", *The Observer,* 8. Februar 1998

4 Brown, Mick, „Richard Branson: The Authorized Biography", Headline, 1998

5 Mitchell, Alan, „Leadership by Richard Branson", *Amrop,* 8. Februar 1995

6 Brown, Mick: „Richard Branson: The Authorized Biography", Headline, 1998

7 Davidson, Andrew: „Virgin's Angel: The rise and rise of Richard Branson", *Sunday Times Magazine,* 30. Mai 1993

8 Davidson, Andrew, „Virgin's Angel: The rise and rise of Richard Branson", *Sunday Times Magazine,* 30. Mai 1993

9 Jackson, Tim, „Virgin King", Harper Collins, London 1994

10 Jackson, Tim, „Virgin King", Harper Collins, London 1994

11 Rodgers, Paul, „The Branson Phenomenon", *Enterprise Magazine,* März/April 1997

12 Branson, Richard, „BBC Money Program lecture", Juli 1998

Feilschen, feilschen, feilschen:
Alles ist verhandelbar

Er hatte das Verhandlungsgeschick eines Straßenhändlers. Er wußte genau, wann er sprechen und wann er schweigen mußte, wann er sein Gegenüber bedrängen und wann er einfach auf dem Absatz kehrtmachen mußte.

Tim Jackson, Autor von *Virgin King*

Eine der weniger bekannten Eigenschaften von Richard Branson ist seine beinharte Verhandlungstechnik. Nette Menschen, heißt es, ziehen immer den kürzeren. Für Richard Branson gilt das nicht. Trotz seines Images als Mr. Nice Guy – oder vielleicht gerade deswegen – schneidet Branson bei seinen Geschäften eigentlich nie schlecht ab. Sein Charisma und sein umwerfender Charme lassen einfach keinen berechnenden Geschäftsmann vermuten.

Es ist kein Zufall, daß manche Geschäftspartner, denen es gelang, günstige Bedingungen für sich herauszuschlagen, lieber ihre Rechtsanwälte vorschickten, als die Details von Angesicht zu Angesicht mit ihm auszuhandeln. Zu diesen Leuten gehört Bransons eigener Cousin Simon Draper, der viele Musikerentdeckungen von Virgin unter Vertrag nahm, darunter Culture Club.

Dabei hat Branson gar nichts Einschüchterndes an sich. Im Gegenteil, er ist sogar von sehr einnehmendem Wesen. Aber wer ihn kennt, weiß, daß sich hinter seinem saloppen Stil ein beinharter Geschäftssinn und ein streitbarer Geist verbergen. Dazu kommt ein Talent fürs Feilschen, das einen türkischen Teppichhändler vor Neid erblassen ließe.

Bei Verhandlungen zeigt sich der normalerweise sehr impulsive Branson bemerkenswert geduldig. Und meist gelingt es ihm, die anderen davon zu überzeugen, daß das, was er zu bieten hat, nicht nur durch und durch vernünftig, sondern sogar der bessere Teil des Geschäfts ist. Oft legt er dabei eine beträchtliche Chuzpe an den Tag: Er findet überhaupt nichts dabei, Dinge zu fordern, an die andere nicht einmal zu denken wagen.

Nette Jungs kommen als Erste ans Ziel

Stellen Sie sich einmal folgende Frage: Wenn die meisten Unternehmer immer größere Anteile ihres Unternehmens in fremde Hände geben, um sich zusätzliche Mittel für ein weiteres Wachstum zu sichern, wie konnte Branson dann sein Imperium aufbauen und am Ende mehr haben als am Anfang? 1973 besaß Branson 60 Prozent der wichtigsten Holding von Virgin; 1995 waren seine Familie und er die Eigentümer von 60 Prozent einer viel größeren Virgin-Gruppe, die weit über eine Milliarde Pfund wert war.

Dieses bemerkenswerte Ergebnis ist der Beweis für sein Verhandlungsgeschick und seine Überzeugungskünste. Branson erkennt genau, wo der Wert eines Geschäftes tatsächlich liegt, und weiß allerlei als Köder einzusetzen. Ein Vorteil dabei ist, daß Virgin ein Netzwerk von kleinen und weniger kleinen Unternehmen darstellt. Branson weiß schon lang, daß es besser ist, einen großen Prozentsatz eines kleinen Unternehmens anzubieten, als Anteile an der ganzen Gruppe zu verkaufen.

Aber das „atomisierte Imperium" ist nur ein Faktor. Tim Jackson, Autor der inoffiziellen Branson-Biographie *Virgin King,* stellt fest, wie unterschiedlich der private Branson zu der Persönlichkeit ist, die er der Öffentlichkeit präsentiert. Er bemerkt: „Wenn er ein Geschäft witterte, feilschte Branson gern. Er hatte das Verhandlungsgeschick eines Straßen-

„Wenn er ein Geschäft witterte, feilschte Branson gern. Er hatte das Verhandlungsgeschick eines Straßenhändlers."

händlers. Er wußte genau, wann er sprechen und wann er schweigen mußte, wann er sein Gegenüber bedrängen und wann er einfach auf dem Absatz kehrtmachen mußte."

Branson liebt die Konfrontation, und er versucht immer, einen Vorteil für sich herauszuschlagen. Das ist eine wichtige Eigenschaft für jeden Unternehmer, der ernsthaft Furore machen will – eine Eigenschaft, die jeder aufstrebende Tycoon hegen und pflegen sollte. Bei Branson kommen noch einige andere Charakteristika dazu. Etwa sein ungezwungener Charme, der auch die hartgesottensten Geschäftspartner unvorsichtig werden läßt.

Bransons Verhandlungsgeschick ist eine der (für ihn) glückhaften Eigenschaften, die ihm in die Wiege gelegt wurden. Mutter Natur hat den Sohn eines Mittelklasseanwalts mit dem Geist eines Händlers ausgestattet. Branson ist nicht bloß geistesgegenwärtig genug, ein gutes Geschäft zu wittern; der Geschäftssinn ist sozusagen Teil seines Charakters. Wären die englischen Schulen weniger darauf bedacht, Meisterschaften in Cricket und Rugby zu veranstalten, sondern versuchten eher, den Geschäftssinn in ihren Schülern zu fördern, würden sie vielleicht Verhandlungswettbewerbe abhalten. In dieser Disziplin wäre Richard Branson wohl Sieger geworden.

Eine Geschichte illustriert Bransons hämische Freude am Verhandeln besonders gut. In den frühen Tagen des Postversandgeschäftes rief ein Mann an und bot der Firma einige Raubpressungen von Jimi-Hendrix-Platten an. Dem Anrufer wurde beschieden, er möge am nächsten Tag ins Büro kommen, um die Sache mit einem Mr. Zimmerman zu besprechen. Als der Mann um zehn Uhr erschien, teilte ihm ein ernsthaft dreinblickender Richard Branson mit, Mr. Zimmerman käme in das Café gleich um die Ecke.

Als der Mann wenig später zurückkehrte und sagte, daß Mr. Zimmerman nicht erschienen sei, gab sich Branson überrascht und frage unschuldig, worum es denn gehe. Der

Mann erklärte, daß er einige Platten für ein Pfund pro Stück verkaufen wollte. „Ich gebe Ihnen 50 Pence", sagte der gewitzte Branson, und das Geschäft war perfekt. Innerhalb weniger Tage wurden die Platten per Postversand um drei Pfund an eingefleischte Hendrix-Fans verscherbelt.

Tollkühne Verhandlungskünste

Wenn Branson verhandelt, dann will er feilschen. Er beginnt auf jeden Fall mit einem niedrigen – manchmal lächerlich niedrigen – Angebot. Bei großen Käufen wie Landhäusern, Flugzeugen oder karibischen Inseln kann Feilschen viel bringen. Eigenartigerweise sind viele Geschäftsleute, vor allem jene, die ihr Arbeitsleben in großen Unternehmen zubringen, nicht für die Mentalität eines Markthändlers gerüstet. Sie können einfach nichts anfangen mit einem Mann, der nur um des Feilschens willen feilscht.

Bransons brillante Verhandlungskünste, die zu einem Markenzeichen des Unternehmens geworden sind, erklären zum Teil auch, warum die Erfahrungen von Virgin mit Jointventures und anderen Partnerschaften so gut sind. Die Worte „nein", „niemals", „unmöglich" gehören nicht zu Bransons Wortschatz.

„Als das Unternehmen noch klein war und Branson selbst die Verträge schloß, hatte er die Chuzpe, weit mehr zu verlangen, als andere auch nur zu träumen gewagt hätten. Aber er brachte auch die Geduld auf, ein Geschäft Punkt für Punkt akribisch durchzuverhandeln, wenn es notwendig war", schreibt Tim Jackson. „Er war ungeheuer geschickt darin, sich hinter anderen zu verstecken und seinen Verhandlungspartnern zu verstehen zu geben, daß es die Einwände seiner Rechtsanwälte oder Kollegen und nicht seine eigenen Bedenken seien, die es ihm unmöglich machten, dem Vorschlag zuzustimmen."

Seine Fähigkeit, andere dazu zu bringen, das zu tun, was er will, ermöglicht es ihm immer wieder, Dinge zu schaffen, die unmöglich scheinen. Besonders gut ist Branson im Zerschlagen bürokratischer Systeme. Während der Vorbereitungen für einen seiner Heißluftballon-Rekordversuche wurde Branson beispielsweise mitgeteilt, daß ein unbedingt notwendiger Test am Prototypballon nicht durchgeführt werden könne: Die Flugzeuggesellschaft, die Eigentümerin der Testkammer war, habe diese für die nächsten zwei Jahre an andere Kunden vergeben. Branson verlangte Namen und Telefonnummer des Vorstandsvorsitzenden der Gesellschaft. Zwei Stunden später rief dieser zurück und sagte nicht nur, daß die Testkammer sofort zur Verfügung stehe, sondern daß er als Zeichen des Goodwills auch auf die üblichen Kosten von 25.000 Pfund verzichte.

Freundliches Gesicht und Knüppel im Sack

So freundlich er auch wirkt, viele sagen, daß es längst nicht so angenehm ist, mit Richard Branson Geschäfte zu machen, wie man meinen möchte. Das ist überraschend bei einem der erfolgreichsten Geschäftsmänner dieses Jahrhunderts. Jedenfalls sollte sich jeder, der mit dem Gedanken spielt, mit Virgin ins Geschäft zu kommen, ein paar simple und offensichtliche Fragen stellen.

Zum Beispiel: Ist dies der Richard Branson, der nach dreißig Jahren immer noch der unangefochtene Chef eines der bekanntesten Unternehmen der Welt ist, von dem er immer noch 60 Prozent besitzt? Ist dies der Richard Branson, der etlichen der aggressivsten Unternehmen der Welt Marktanteile weggenommen hat?

Eins muß klar sein: Branson ist nicht zimperlich. Etwas anderes anzunehmen wäre naiv. Man erreicht nicht das, was Branson erreicht hat, wenn man kein harter Geschäftsmann ist. Als der junge Rechtsanwalt Randolph Fields Branson die Idee für Virgin Atlantic Airways präsentierte, wurde ursprünglich vereinbart, jeder der beiden würde Hälfte-Eigentümer der Fluglinie. Im Zuge der Verhandlungen brachte Branson Fields jedoch dazu, sich mit einem 25prozentigen Anteil zufriedenzugeben. Noch im selben Jahr setzte er durch, daß Fields als Vorsitzender von Virgin Atlantic zurücktrat. Ein Jahr später kaufte Branson Fields mit einer Million Pfund aus dem Unternehmen.[1]

Wer meint, Virgin sei ein Wohltätigkeitsverein, sollte sich die Sache lieber noch mal überlegen.

Branson hat ein untrügliches Gespür dafür, wo er in den Verhandlungen einhaken muß. Wenn er weiß, daß er die besseren Karten hat, setzt er seinen Vorteil mitunter rücksichtslos durch. Aber so ist schließlich das Geschäft. Wer meint, Virgin sei ein Wohltätigkeitsverein, sollte sich die Sache lieber noch mal überlegen.

Auf guten Rat hören

Während Branson selbst in den höheren Sphären der Geschäftsabenteuer zu schweben scheint, hört er doch auf den Rat von Leuten, die mit beiden Beinen fest auf der Erde stehen. Hinter dem saloppen Image, das er der Öffentlichkeit präsentiert, verbirgt sich nicht nur ein berechnender Geschäftsmann, sondern auch einer, der den Wert guter, professioneller Berater zu schätzen weiß.

„Ich bin kein Zahlenmensch", pflegt er zu sagen. „Ich bin in der ersten Klasse in Mathematik durchgefallen."[2]

Branson mag kein Buchhalter sein, aber er umgibt sich seit jeher mit Menschen, die mit dem Rechenstift umzugehen wissen. Seit er zu Beginn der siebziger Jahre aufgrund eines Steuerschlamassels beinahe ins Gefängnis gekommen wäre, zieht er Wirtschaftsprüfer, Rechtsanwälte und Banker der Spitzenklasse zu Rate, wenn's ums Geld geht.

Innerhalb der Virgin-Gruppe sorgt Branson auch dafür, daß unbeirrbare Führungskräfte hart durchgreifen, um die Dinge wieder ins Lot zu bringen. Dazu gehören der CEO der Virgin Group, David Abbott, ein ausgebildeter Wirtschaftsprüfer und langjähriger Kampfgenosse Bransons, und Don Cruikshank, ein ehemaliger Berater von McKinsey & Co., der zu Virgin kam, um das Unternehmen fit für die Börse zu machen, und später die britische Telekommunikations-Aufsichtbehörde Oftel leitete.

Branson mag kein Buchhalter sein, aber er umgibt sich seit jeher mit Leuten, die mit dem Rechenstift umzugehen wissen.

Manch einer behauptet sogar, Branson höre viel mehr auf seine Berater, als selbst Virgin-Insider vermuten würden. Jedenfalls irritiert er Geschäftspartner immer wieder mit seiner Weigerung, sich an Verträge zu halten, und mit seiner ziemlich ärgerlichen Gewohnheit, gewisse Details einfach neu zu auszuhandeln.

Ein verärgerter Geschäftsmann meinte gar, das Virgin-Phänomen sei großteils das Produkt einer „ungeheuren Manipulation" durch „ein undurchdringliches Heiligtum im Herzen des Virgin-Imperiums". Trifft das zu, muß dieses Allerheiligste über eine schier übernatürliche Macht verfügen, wenn es jemand so Willensstarken wie Richard Branson manipulieren kann.

Ein Silberstreifen

Aber es gibt noch eine andere Facette an Branson, dem Geschäftemacher. Viele Unternehmer versuchen, sich gegen das Risiko von Verlusten abzusichern. Branson hingegen läßt nichts unversucht, noch mehr Gewinn zu machen. Seiner Meinung nach ist sogar in einem miesen Geschäft noch was drin.

1984 zum Beispiel, als Branson daran war, Virgin Atlantic zu gründen, war der erste Schritt, ein Flugzeug zu kaufen. Boeing besaß eine kaum gebrauchte 747, die nutzlos in der Wüste von Arizona herumstand. Branson war sich ziemlich sicher, daß er das Flugzeug nicht wirklich erwerben wollte (schließlich hatte er gesehen, wie es Freddie Laker ergangen war, als er versuchte, Flugzeuge zu kaufen), aber er wollte auch keine hohen Vertragsstrafen zahlen, wenn die Airline nicht in Fahrt kam. Der Deal, den die Virgin-Rechtsanwälte schließlich aushandelten, war ziemlich gefinkelt.[3]

Der Jumbo sollte von der Barclays Bank gekauft werden, die auch die Steuerabschreibung für den Wertverlust des Flugzeugs beanspruchen konnte. Barclays würde das Flugzeug dann an eine Tochtergesellschaft der Chemical Bank in New York verleasen, die es ihrerseits an Virgin Atlantic verleasen würde.

Feilschen, feilschen, feilschen: Alles ist verhandelbar

Eines der weniger bekannten Talente von Richard Branson ist sein Verhandlungsgeschick. Trotz – oder vielleicht sogar wegen – seines Netter-Junge-Images zieht Branson bei seinen Geschäften nie den kürzeren. Hinter seinem

Charisma und seinem liebenswürdigen Charme verbirgt sich ein berechnender Geschäftsmann. Was können wir aus Bransons Schule der Verhandlungsführung lernen?

◆ **Nette Jungs kommen als Erste ins Ziel.** Mit seiner Gewitztheit und seiner Überzeugungskraft beim Verhandeln und mit seinem jungenhaften Charme kocht Branson auch die hartgesottensten Geschäftsleute ein.

◆ **Nein gibt's nicht.** Bransons wagemutige Verhandlungskünste sind zu einem Wahrzeichen des Unternehmens geworden. Wörter wie „nein" oder „niemals" kommen in seinem Wortschatz nicht vor.

◆ **Lächeln, aber nicht klein beigeben.** So freundlich er auch wirkt, manch einer behauptet, es sei längst nicht so angenehm, mit Richard Branson Geschäfte zu machen, wie man meinen möchte. Das ist überraschend für einen der erfolgreichsten Geschäftsmänner dieses Jahrhunderts.

◆ **Sich von Profis beraten lassen.** Hinter Bransons saloppem Image, das er der Öffentlichkeit präsentiert, verbirgt sich nicht nur ein berechnender Geschäftsmann, sondern auch einer, der den Wert guter, professioneller Berater zu schätzen weiß.

◆ **Sich den Gewinn sichern.** Viele Unternehmer versuchen, sich gegen das Risiko von Verlusten abzusichern. Branson hingegen läßt nichts unversucht, noch mehr Gewinn zu machen. Seiner Meinung nach ist sogar in einem miesen Geschäft noch was drin.

Neu hätte das Flugzeug um die 100 Millionen Dollar gekostet. Der Preis, den Bransons Partner Randolph Fields schließlich aushandelte, betrug 27,8 Millionen. Es war in jeder Hinsicht ein gutes Geschäft, zumal Boeing sich bereit erklärte, das Flugzeug nach ein, zwei Jahren um 25 Millionen Dollar zurückzukaufen. Aber das war für Branson noch nicht genug. Er wollte auch von einem eventuellen Anstieg der Flugzeugpreise profitieren. Er ließ nicht locker, und so wurde vereinbart, daß Boeing den jeweiligen Marktpreis für das Flugzeug bezahlen würde, wenn Virgin sich tatsächlich zum Verkauf entschloß.

Anmerkungen

1 Jackson, Tim, „Virgin King", Harper Collins, London 1994

2 Branson, Richard, „BBC Money Programme lecture", Juli 1998

3 Jackson, Tim, „Virgin King", Harper Collins, London 1994

Arbeit muß Spaß machen

Er verblüfft die Öffentlichkeit und seine Mitarbeiter mit der überraschenden Perspektive, das graue Arbeitsallerlei in eine glitzernde, aufregende Erlebniswelt voller Spaß zu verwandeln.

Aus: Alan Mitchell: *Leadership by Richard Branson*

Richard Branson sagt: Arbeit muß Spaß machen. Das ist die Voraussetzung für seinen Elan und seinen Erfolg. Eine spannende Arbeitsatmosphäre ist das beste Mittel, gute Leute zu motivieren und zu halten; außerdem braucht man ihnen dann nicht so viel zu bezahlen. Und das ist wichtig, vor allem, wenn man nicht in dem Ruf steht, ein brillanter Erfinder oder ein Managementvisionär zu sein. Wie klug man auch sein mag: Wenn man immer nur arbeitet und keinen Spaß hat, wird die Sache langweilig. Das ist nichts für Branson.

Im Gegensatz zu den Computerwunderknaben Bill Gates und Steve Jobs hat Branson nie irgendeine revolutionäre Erfindung gemacht. Er hat auch nicht die Reputation eines Jack Welch, CEO von General Electric, dem es gelang, das Unternehmen vor dem Untergang zu retten. Bransons Leistung ist viel schwerer zu erklären. Alle Branchen, in denen er Erfolge einfährt, sind völlig konventionell und haben wenig miteinander gemeinsam, außer daß sie langsam gewachsen sind und von großen Unternehmen dominiert werden. Was also weiß Richard Branson über diese konventionellen Branchen, was anderen, die sich schon jahrelang darin umtun, entgangen ist? Genauer gesagt: Was kann Branson, was die anderen nicht können?

Die Antwort ist, Branson versteht die Menschen zu inspirieren. Und so gelingt es ihm auch, seine Mitarbeiter zu motivieren, und sie bis an ihre Grenzen fordern. Er hat die bemerkenswerte Fähigkeit, andere dazu zu bringen, Dinge zu erreichen, von denen sie gar nicht wußten, daß sie sie schaf-

NLP!

fen können. Wirklich gut ist er darin, die Energie auf ein Ziel zu konzentrieren, sei es ein geschäftliches Unterfangen oder der Versuch, einen Weltrekord aufzustellen. Er strahlt Zuversicht und die Überzeugung aus, daß ihm kein Berg zu hoch ist. Eigenartigerweise scheint den Leuten das lieber zu sein als Geld (zumindest eine Zeitlang).

Spielen wir gemeinsam

Sein ganzes Geschäftsleben lang schaffte es Branson, die Arbeit als soziale Aktivität darzustellen. Bei Virgin ins Büro zu gehen ist nicht dieselbe öde Plackerei wie bei anderen Unternehmen – das möchte Branson seine Leute zumindest glauben machen. Selbst ist er auf jeden Fall davon überzeugt. „Ich suche mir die besten Leute aus, stelle ihnen ein paar Fragen, und dann sage ich: ‚Spielen wir ein bißchen'", erklärt er.[1]

In den Anfangszeiten wurden niedrige Gehälter und schäbige Büros durch regelmäßige wilde Partys und eine Karnevalsatmosphäre wettgemacht. Auch heute noch läßt sich in der Firma nur schwer zwischen Arbeit und Sozialleben unterscheiden. Die Mitarbeiter von Virgin arbeiten hart und unterhalten sich prächtig.

Der Wahnsinn hat Methode. Wenn man die Grenze zwischen Arbeit und Spiel verschwimmen läßt, wie Branson das tut, verschwimmt auch die Grenze zwischen dem, was den Leuten in ihrem Privatleben wichtig ist, und dem, was in der Arbeit passiert. Sie machen gern Überstunden, wenn sie davon überzeugt sind, etwas für sich selbst und für andere zu erreichen, die ihnen wichtig sind.

Branson über die Arbeitsatmosphäre:
„Ich suche mir die besten Leute aus, stelle ihnen ein paar Fragen, und dann sage ich: ‚Spielen wir ein bißchen.'"

Ein weiterer wichtiger Aspekt der Virgin-Kultur ist dieser offene Sinn für Humor, der sich auch auf die von der Marke vermittelten Werte überträgt. Branson selbst soll ziemlich plumpe Schuljungenstreiche aushecken. Die Geschichten seiner Missetaten sind Legion.

Einmal, heißt es, wollte er einen seiner leitenden Manager und engsten Berater, der für ein paar Tage verreist war, zum Narren halten. Er plante, sich nachts in das Haus des Managers zu stehlen und dessen Hab und Gut wegzuschaffen, so daß er, wenn er nach Hause kam, glauben mußte, Opfer eines Einbruchs geworden zu sein.

Was Branson allerdings nicht wußte, war die Tatsache, daß sein Plan durchgesickert war, und daß sich einige seiner Leute vorgenommen hatten, ihm die Sache selbst auf den Kopf fallen zu lassen. Als er beim Haus seines Managers ankam, erwartete ihn schon die Polizei, die den protestierenden Virgin-Chef festnahm und ihn eine Nacht lang hinter Gittern verwahrte. Am Morgen ging die ganze Virgin-Belegschaft geschlossen zur Polizeistation, um ihn gegen Kaution freizukaufen. Als er herauskam, wurde er mit tosendem Applaus begrüßt.

Bransons Sinn für Humor brachte ihn auch bei anderen Gelegenheiten in Schwierigkeiten. Einer seiner berühmten Partytricks besteht darin, sich an die Fersen berühmter Gäste zu heften und sie unmöglich zu machen. Ivana Trump, Ex-Frau des amerikanischen Milliardärs Donald Trump, hat es Branson bis heute nicht verziehen, daß er sie bei einer ziemlich noblen Party vor Hunderten Gästen verkehrt herum über einem Swimmingpool aufhängte.

Die Geschichte seines Zusammentreffens mit dem verstorbenen Sir James Goldsmith im Jahr 1992 zeigt, daß Branson der Versuchung manchmal einfach nicht widerstehen kann. Es gibt kaum zwei Unternehmer, die so verschieden voneinander sind wie Branson und Goldsmith. Branson, der Hippie, der sein Imperium aufbaute, indem er seine eigenen

Firmen erweiterte, traf auf Goldsmith, den legendären Übernahmebaron. Branson, auf Goldsmiths Sitz in Mexiko eingeladen, schubste den Milliardär schon am ersten Morgen in den Swimmingpool (nachdem er versprochen hatte, es nicht zu tun) und wurde prompt gebeten, abzureisen. Joan Bransons einziger Kommentar war: „Gott sei Dank."[2]

Die Geschichte demonstriert, wie respektlos Branson mit honorablen Geschäftsmännern umgeht. (Andere meinen, genau das sei ein Beweis für seine Managementfähigkeiten.)

Auf los geht's los

Branson war immer bereit, kluge junge Leute ohne Praxis einzustellen und sie einfach auf Projekte loszulassen. In den frühen Tagen des Plattenlabels Virgin Music nahm Branson zum Beispiel gern Leute auf, die kaum über formelle Branchenerfahrung verfügten, die aber Musik liebten und eine Leidenschaft für die Plattenproduktion hegten. Ohne angetrieben werden zu müssen, investierten sie ungeheure Mühen und Energien in die Arbeit und rechtfertigten so das in sie gesetzte Vertrauen. Es war nicht ungewöhnlich, daß Virgin-Leute Jobangebote anderer Firmen ablehnten, wo sie doppelt so viel verdient hätten. Warum? Die Arbeit bei Virgin machte eben Spaß.

Das sogenannte Empowerment – das Delegieren von Entscheidungen an niederrangigere Mitarbeiter – kam durch die Management-Gurus der achtziger Jahre in Mode. Bei Virgin war es seit jeher en vogue. Branson hatte sich von Anfang an mit talentierten Leuten umgeben, die er einfach kreativ sein ließ. Immer wieder belohnten sie sein Vertrauen mit atemberaubenden Ergebnissen.

Etwa Simon Draper, Bransons südafrikanischer Cousin und langjähriger Leiter des Virgin-Plattenlabels. Draper entdeckte viele der größten Musiktalente wie zum Beispiel Mike

Oldfield, Tangerine Dream und Culture Club. Dabei hatte er, als er bei Virgin anfing, weder eine entsprechende Ausbildung noch Berufserfahrung. Was er hatte, war allerdings seine Begeisterung für Musik. Manchmal mußte Draper Branson sogar erklären, warum ein Künstler nicht zum Avantgarde-Image von Virgin paßte. Viele Jahre lang finanzierte Virgin Music hauptsächlich dank der Draper gewährten Freiheit, die von ihm ausgesuchten Künstler unter Vertrag zu nehmen, das ganze Virgin-Imperium.

Das ist typisch für das gesamte Unternehmen, wo die Mitarbeiter viel mehr Ermessensspielraum haben als ihre Kollegen auf derselben Hierarchiestufe in anderen Firmen. Die Flugzeugcrews von Virgin Atlantic setzen viel eher eigene Initiativen als die Bediensteten anderer Airlines, die sich den Firmenregeln bis ins kleinste Detail fügen müssen.

Die Virgin-Kultur wird sogar in den Räumlichkeiten deutlich. Die einzelnen Firmen sind in gemütlichen Gebäuden untergebracht, eher Wohnhäusern als Büroblocks. Sie wurden schon des öfteren mit „Hippie-WGs" verglichen.[3]

Auch die ungewöhnliche Organisationsstruktur läßt den Mitarbeitern viel Spielraum. Virgin besteht aus zahlreichen kleinen Unternehmen, die unabhängig voneinander agieren. So haben sie mehr Eigenverantwortung. Die Mitarbeiter legen sich in kleineren Einheiten, in denen der Beitrag des einzelnen für den Erfolg aller entscheidend ist, besonders ins Zeug. Bei Virgin gibt es weder Müßiggang noch Dienst nach Vorschrift.

Da alle auch im freundlichen Wettbewerb mit anderen Teilen der Gruppe stehen, werden die einzelnen Virgin-Firmen ermutigt, sich unternehmerischer zu verhalten, als sie es normalerweise tun würden. Dies beschränkt auch das Weisungsrecht der Zentrale und macht es den hochrangigen Virgin-Managern (außer Branson) schwer, sich einzumischen. Auf diese Weise entstand das klassische Modell des „divide et impera", das es ihm ermöglicht, die Leute eigenständig denken zu lassen und trotzdem die absolute Kontrolle beizubehalten sowie einen kultähnlichen Status aufrechtzuerhalten.

Sag Richard zu mir

Für den durchschnittlichen Virgin-Mitarbeiter ist Branson, der Vorstandsvorsitzende und Mehrheitseigentümer des Unternehmens, einfach Richard. Das Geheimnis des Umgangs mit Menschen, so Branson, besteht darin, sie zu loben anstatt zu kritisieren, ein Prinzip, das seiner Meinung nach auch für die Kindererziehung gilt. „Kinder und Unternehmen wachsen, wenn man sie lobt."[4]

Als seine Mitarbeiter in den frühen Tagen von Virgin einen Betriebsrat einrichten wollten, fühlte sich Branson angeblich ernsthaft verletzt. Er wollte, daß es allen seinen Leuten möglich sein sollte, Probleme direkt mit ihm zu besprechen. Besonders wichtig war es ihm, daß die Leute ihm vertrauten.

Besucher seines Hauses in Holland Park sagen, daß er zu seinen Mitarbeitern außergewöhnlich höflich ist. Er verlangt harte Arbeit von seinen Leuten, aber im Gegensatz zu vielen anderen Unternehmensleitern widersteht er der Versuchung, seine Sekretärinnen und Assistenten herumzukommandieren, als ob sie seine Leibeigenen wären. Er ist ungeheuer zugänglich, und Leute, die in seinem Büro anrufen, bekommen ebenso oft ihn selbst an den Apparat wie einen Sekretär oder eine Assistentin.

Simon Lester, Managing Director von Cott Europe, dem Unternehmen,

Branson über Menschenführung:
„Kinder und Unternehmen wachsen, wenn man sie lobt."

das das Rezept und das Fachwissen für Virgin Cola bereitstellte, beschreibt ihn so: „Er ist ein wirklich außergewöhnlicher Bursche. Er überrascht einen ständig mit seinem Verhalten. Als er das erste Mal anrief, tat er das persönlich: keine Sekretärin, keine üblichen Bürohindernisse. Das bringt einen sofort aus dem Konzept und läßt einen denken: Wie außergewöhnlich, wie anders.

Wenn man dann mit ihm verabredet ist, erwartet man diese unglaubliche, lebende Legende unserer Zeit. Und dann sitzt einem ein ungeheuer charmanter Zeitgenosse gegenüber, der sich ganz normal benimmt. Eigentlich verhaspelt er sich oft. Er ist kein Kraftprotz. Einfach ein netter Kerl. Und dabei weiß man, daß man es mit einem der entschlossensten und energiegeladensten Menschen zu tun hat, die es überhaupt gibt."

Es ist seine unprätentiöse Freundlichkeit, die Branson, dem privilegierten Schüler einer Private School, die Bewunderung seiner Mitarbeiter ebenso einbringt wie die der Öffentlichkeit. Seine Popularität geht über Klassenschranken hinweg und noch viel weiter. Die Leute sehen in Branson einen Wirtschaftsmagnaten, der einen höheren Zweck verfolgt, jemanden, der bestimmte Werte vertritt und bereit ist, für sie einzustehen. Dieses Image kultiviert Branson, weil es ein ideales Gegengewicht zu seiner leichtlebigen Welt des Spiels und der Unterhaltung ist.

Ohne Fleiß kein Preis

Partys und Albernheiten sind natürlich kein Ersatz für harte Arbeit. Aber sie prägen die Stimmung bei Virgin. Und gleichzeitig sorgen für ein spannungsähnliches Gefühl der Herausforderung. Indem Branson seine Mitarbeiter inspiriert, motiviert er sie zu außergewöhnlichen Leistungen, so daß die von ihnen erzielten Umsätze und Gewinne weit oberhalb der Branchenstandards liegen. Hier spielt die Struktur des Virgin-Imperiums eine wichtige Rolle.

Branson erklärt: „Wenn eine Fima eine bestimmte Größe erreicht hat, dann rufe ich, anstatt sie immer größer werden zu lassen und in immer größere Büros zu stecken, den stellvertretenden Marketingleiter, den stellvertretenden Geschäftsführer und den stellvertretenden Verkaufsleiter und sage ihnen: Ihr leitet nun eine neue Firma. So habe ich es bei Virgin Records gemacht, das letzten Endes in fünf verschiedene Gesellschaften unterteilt wurde."

Diese Politik, talentierte Leute zu befördern, spornt die Mitarbeiter von Virgin dazu an, ihr Bestes zu geben, denn sie haben die berechtigte Hoffnung, den Boß auf sich aufmerksam zu machen und die Chance zu bekommen, besonders zu brillieren. Allerdings gibt es eine Anekdote, die zeigt, daß Branson auch eine andere Seite hat: Er ist ein Motivationsmeister, der seine Leute bis an die äußersten Grenzen ihrer Leistungsbereitschaft treibt.

Branson liebt es, das Unmögliche zu versuchen. Einmal rief er den Marketingleiter von Virgin Atlantic an und bat ihn, eine Anzeige im *London Evening Standard* zu schalten. Er bekam zur Antwort, daß bereits Anzeigenschluß sei. Branson ließ nicht locker. Der skeptische Mitarbeiter verbrachte den ganzen Vormittag am Telefon. Durch eine übermenschliche Anstrengung aller Beteiligten wurde doch noch eine Anzeige in die letzte Auflage des *Standard* gedrückt. Als Branson das hörte, dankte er dem Marketingleiter für seine Bemühungen; dabei hatte er ein deutliches Funkeln des Triumphs in den Augen.[5]

Die Botschaft ist klar. Branson will und erwartet, daß die Leute um ihn ihr Bestes geben und jedes Ziel erreichen, das er ihnen vorgibt, anstatt darüber zu diskutieren, ob etwas zu schaffen ist oder nicht. Und so ist das Unmögliche möglich zu machen Teil der Kultur von Virgin, was durch Bransons eigene Vorliebe für rekordverdächtige und halsbrecherische Motorbootfahrten und Heißluftballonflüge noch betont wird.

The Magical Mystery Tour

Virgin ist zum Teil deshalb so attraktiv als Arbeitgeber und als Marke, weil der Name Abenteuer verspricht. Alles am überlebensgroßen Unternehmensgründer erinnert an die Helden von Kindergeschichten. Teils Tom Sawyer, teils Pirat, verkörpert Branson Spaß und Abenteuer. Lustig und abenteuerlich wird es auch in allen Branchen, die er mit Virgin entert.

Auch die Spannung, etwas Neues zu beginnen, ist stets bei ihm zu spüren. „Was ich am allerliebsten tue, ist lernen", sagt Branson. „Wenn ich das Gefühl habe, daß ich alles Wissenswerte über Telekommunikation oder über Airlines oder über Kosmetik – was immer – gelernt habe, wende ich mich etwas anderem zu. Ich komme mir dauernd vor wie bei einem Crash-Kurs auf der Universität – wo ich ja nie war."[6]

Virgin ist für Branson eine einzige Magical Mystery Tour. Eine Reise, die nun schon dreißig Jahre dauert. Wenn Virgin in Konkurs ginge („Und das tat es in der Zeit der schmutzigen Tricks auch fast, und deshalb mußte ich die Plattengesellschaft verkaufen", sagt Branson), würde ihm das nicht besonders viel ausmachen. „Ich würde einfach meine Siebensachen packen und mit meiner Familie zu einer Abenteuerreise aufbrechen. Südamerika. Ich war noch nie in Südamerika. Das wäre sicher lustig."

Aber je mehr Leute in den Bus zusteigen, desto mehr Druck liegt auf dem Fahrer, sie weiterzubringen – irgendwohin, wo es sowohl Spaß als auch ein erhebendes Ziel gibt und der Kapitalismus noch nicht allzuviel kaputt gemacht hat.

Bisher konnte Branson Kunden und Mitarbeiter allein dadurch überzeugen, an Bord des Virgin-Busses zu kommen, weil die Reise mit ihm abenteuerlicher zu werden versprach als mit den grauen Geschwadern der traditionellen Unternehmen. In Zukunft werden die Mitreisenden vielleicht einen Bestimmungsort von ihm erwarten, der eine nettere, fürsorglichere Version dessen ist, wofür die Geschäftswelt steht. Vielleicht. Das scheint ihn jedenfalls stärker zu beschäftigen als früher.

Branson spürt anscheinend immer stärker, daß die Leute von ihm eine Erklärung darüber erwarten, wohin das Abenteuer führen soll. Das macht sich nach und nach auch in dem, was er sagt, bemerkbar: Die große Frage für Branson lautet: Wohin nun mit der Vision? Wird Virgin einfach zu Staub und Asche zerfallen, wenn er das Feld räumt, oder ist es ihm tatsächlich gelungen, ein dauerhaftes Monument einer neuen Form des Kapitalismus zu errichten?

Der hartgesottene Pirat ist gefordert, sein Fernrohr vor sein unversehrtes Auge zu heben und der Welt zu sagen, was er jenseits des Horizonts sieht. Branson beginnt darüber nachzudenken, was das alles zu bedeuten hat, auch über seinen Platz in der Geschichte.

Er bewundert andere Unternehmen, die er als gleichgesinnt empfindet. Bei den notorisch exzentrischen Southwest Airlines etwa entdeckt er Geistesverwandte. Wie er kürzlich sagte: „Die Mitarbeiter von Southwest haben diese Airline wegen der Prinzipien gewählt, für die sie steht. Ein neues Gesetz, das höhere Landegebühren vorschreibt, betrachten sie nicht nur als Affront gegen ihre Rentabilität, sondern auch als Affront gegen ihren Idealismus. Sie sind davon überzeugt, daß Rentabilität die Voraussetzung für die Sicherheit ihrer Jobs, für einen guten Shareholder value und für positive Beiträge zur Gemeinschaft ist. Sie arbeiten, um etwas zu bewirken. Genau dafür sollte eine Marke stehen."[7]

Arbeit muß Spaß machen

Arbeit sollte nach Meinung von Richard Branson Spaß machen. Eine spannende Arbeitsatmosphäre ist das beste Mittel, gute Leute zu motivieren und zu halten; außerdem braucht man ihnen auf diese Weise nicht so viel zu bezahlen. Aus Bransons Motivationstechniken lassen sich die folgenden Lehren ziehen:

◆ **Spaß muß sein.** *Am Montag morgen in ein Virgin-Büro zur Arbeit zu gehen ist nicht dieselbe trübselige Mühsal wie bei anderen Unternehmen – oder das möchte Branson seine Leute zumindest glauben machen. Und er glaubt es auch selbst.*

◆ **Die Mitarbeiter an der langen Leine lassen.** *Branson umgibt sich seit jeher mit talentierten Leuten und läßt ihnen die Freiheit zum Kreativsein. Immer wieder belohnen sie sein Vertrauen mit atemberaubenden Ergebnissen.*

◆ **Für eine informelle Atmosphäre sorgen – alle reden sich mit Vornamen an.** *Für den durchschnittlichen Mitarbeiter von Virgin ist Branson, der Präsident und Hauptaktionär des Unternehmens, einfach Richard.*

◆ **Begeisterung ist ansteckend.** *Indem er seine Mitarbeiter inspiriert, spornt Branson sie zu Meisterleistungen an, und seine Umsatz- und Gewinnspannen liegen über den jeweiligen Branchendurchschnitten.*

◆ **Die Arbeit zum Abenteuer machen.** *Die Anziehungskraft von Virgin als Arbeitgeber und als Marke liegt zum Teil darin, daß der Name mit Abenteuer verbunden ist.*

Anmerkungen

1   Gerrard, Nicci, „Why do we love Richard Branson?" *The Observer,* 8. Februar 1998

2   Davidson, Andrew, „Virgin Angel: The rise and rise of Richard Branson", *Sunday Times Magazine,* 30. Mai 1993

3   Kaye, Mark und Ye, Danzhao, „Behind Virgin's success: How Richard Branson motivates people", Working Paper

4   Mitchell, Alan, „Leadership by Richard Branson", *Amrop* International, 1995

5   Jackson, Tim, „Virgin King", Harper Collins, London 1994

6   Gerrard, Nicci, „Why do we love Richard Branson?", *The Observer,* 8. Februar 1998

7   Branson, Richard, „BBC Money Programme lecture", Juli 1998

Die Marke pflegen

Ich bin davon überzeugt, daß es für eine Marke fast keine Grenzen gibt, allerdings nur, wenn man sorgfältig mit ihr umgeht.

Richard Branson

Eine der am häufigsten gestellten Fragen über Virgin lautet, was die Marke noch alles umfassen kann. Manche Wirtschaftsexperten sind der Meinung, daß Branson Gefahr läuft, die Marke zu verwässern, wenn sie für so viele Produkte und Dienstleistungen steht.

Branson hält dieser Kritik entgegen, daß eine Marke noch viel mehr umfassen kann, wenn sie nur dem treu bleibt, wofür sie steht.

Wie stark die Marke Virgin tatsächlich ist, zeigte eine kürzlich durchgeführte Umfrage. Sie ergab, daß 96 Prozent der britischen Konsumenten Virgin dem Namen nach kennen und daß 96 Prozent korrekterweise Richard Branson als ihren Gründer nennen.

„Virgin ist in der britischen Wirtschaft ein einzigartiges Phänomen", bemerkt ein Kommentator. „Das Unternehmen hat im wesentlichen einen wichtigen Vermögenswert, und einen nicht greifbaren noch dazu – seinen Namen. Die Marke, die alles abdeckt, von Finanzdiensten über Airlines und Eisenbahnen bis in den Unterhaltungsbereich mit Megastores und Soft Drinks, Bekleidung und sogar Brautsalons, ist für den Konsumenten sofort erkennbar. Der Name vermittelt das Image von guter Qualität, niedrigen Preisen und einer trendigen Hipness. Damit können nur wenige konkurrieren."[1]

Genau so soll es laut Branson auch bleiben. Aber es ist ihm klar, daß die Virgin-Strategie nicht bei jeder Marke funktionieren würde. Denn die Marke Virgin wird mit einem positiven Sympathiewert assoziiert und nicht so sehr mit den Produkten und Dienstleistungen.

Marke, weltweit

Virgin, ursprünglich für jüngere Leute, hat heute ein breiteres Zielpublikum. Mit Branson ist auch seine Marke gereift. „Vor vier Jahren nahmen wir ein Crossover in Angriff, um auch die Eltern der Kids anzusprechen", sagt er. „Aber wir müssen aufpassen, daß wir die Kids nicht verlieren. Ich möchte, daß die Leute das Gefühl haben, daß sie die meisten Bedürfnisse ihres Lebens mit Virgin abdecken können. Das Allerwichtigste ist, daß wir sie nie im Stich lassen."[2]

Mitte der neunziger Jahre schien Virgin überall zu sein. So allgegenwärtig war die Marke geworden, daß kaum ein Tag verging, an dem nicht ein grinsender Richard Branson irgendein neues Virgin-Produkt oder eine neue Dienstleistung präsentierte. Das berühmte fliegende V-Logo erschien auf Flugzeugen und auf den Fassaden von Megastores und Kinos und zierte schließlich auch Coladosen.

Die Geschäftigkeit ließ einige Fragen in bezug auf die Strategie des Unternehmens laut werden. Wer jedoch wußte, was Branson vorhatte, erkannten auch, daß das, was er geschaffen hatte, den Markgenbegriff völlig neu definierte. John Murphy, Vorsitzender der berühmten Markenberatungsgesellschaft Interbrand, meinte etwa: „Wenn sie nicht jemanden vergiften oder anfangen, unter dem Namen Virgin falsche Produkte wie Rentenfonds oder Kopiergeräte anzubieten, wird Virgin als Marke kaum jemals verwässert werden." Murphy hatte damals noch keine Ahnung, daß Virgin Direct 1996 auch Finanzdienstleistungen anbieten würde – darunter auch Rentenfonds.

Die Produktvielfalt

Branson ist ein Kritiker der traditionellen westlichen Einstellung zum Markennamen. Er vergleicht den Ansatz von

Virgin mit dem einiger japanischer Unternehmen. Indem er auf die Entscheidung von Mars verweist, auf die Verwendung des berühmten Markennamens für Tierfutterprodukte zu verzichten, sagt er: „Das, was ich das ‚Mars Syndrom' nenne, grassiert in jeder Marketingabteilung und Werbeagentur im Land. Es herrscht die allgemeine Überzeugung, daß Marken auf gewisse Produkte fokussiert sind und daß man die Produktvielfalt nicht übertreiben darf. Anscheinend haben sie vergessen, daß niemand ein Problem damit hat, auf einem Yamaha-Klavier zu spielen, am selben Tag mit einem Yamaha-Motorrad zu fahren, die Mitsubishi-Stereoanlage in einem Mitsubishi-Auto einzuschalten und in diesem Auto an einer Mitsubishi-Bank vorbeizufahren.

Die Vorstellung, daß Marken Unternehmensstrukturen und Produktbereiche überschreiten (...), hat ihre modernen Manifestationen in dem gefunden, was in der japanischen Managementstruktur ‘keiretsu' genannt wird. Dort treten verschiedene Unternehmenszweige unter dem Dach eines Markennamens als Familie auf.“

Zielstrebige Markenentwickler sollten erkennen, daß das stärkste Argument der Marke Virgin die Glaubwürdigkeit ist. Doch so wie die vorhandenen Virgin-Produkte und -Dienstleistungen neuen Angeboten Glaubwürdigkeit verleihen, kann auch das Gegenteil nachhaltige Folgen haben. Wenn das Image beschädigt würde, weil die Marke mit einem schlechten Produkt oder einer mangelhaften Dienstleistung in Verbin-

Branson über Marken in verschiedenen Geschäftsfeldern:
„Niemand hat ein Problem damit, auf einem Yamaha-Klavier zu spielen, am selben Tag mit einem Yamaha-Motorrad zu fahren, die Mitsubishi-Stereoanlage in einem Mitsubishi-Auto einzuschalten und in diesem Auto an einer Mitsubishi-Bank vorbeizufahren.“

dung gebracht wird, könnte der Ruf des gesamten Virgin-Imperiums auf dem Spiel stehen.

Das Vertrauen nicht verspielen

Trotz seiner Freude an Spiel und Spaß nimmt Richard Branson den Ruf der Marke Virgin extrem ernst. „Dein Markenname ist nur so gut wie dein Ruf", sagt er. „Unserer ist ungeheuer wertvoll."

Das Besondere an der Marke Virgin ist wahrscheinlich, daß sie, wie es in einem der Firmenslogans heißt, eine „Beziehung fürs Leben" bietet. Will Whitehorn, Leiter der Abteilung für Konzernangelegenheiten im Virgin-Management und langjähriger Kollege Bransons, sagt dazu: „Wir von Virgin wissen, was Virgin heißt, und wenn wir unseren Markennamen auf ein Produkt drucken, geben wir ein Versprechen ab. Es ist ein Versprechen, das wir immer gehalten haben und immer halten werden. Es ist schwieriger, Versprechen zu halten als sie zu geben, aber das ist kein Geheimnis. Virgin hält sich an seine Prinzipien und seine Versprechen."

Branson weiß, daß der wichtigste Vermögenswert von Virgin der gute Ruf der Marke ist. Würde der Name Virgin auf einem Produkt erscheinen, das den Erwartungen nicht entspricht, geriete das ganze Unternehmen in Mißkredit. „Unsere Kunden vertrauen uns", sagt er.

Bransons Philosophie lautet daher: Pflege deine Marke, und sie wird gedeihen und sich als dauerhaft erweisen. Im Herzen der Marke Virgin gibt es jedoch seit jeher ein Spannungsfeld, das nie aufgelöst werden wird. Auch wenn Branson voll und ganz hinter dem Namen Virgin steht, ist Rastlosigkeit doch einer seiner Charakterzüge. Er hat das unstillbare Bedürfnis, Risiken einzugehen und Neues zu erforschen. Es liegt ihm im Blut, die Grenzen seines Imperiums ständig auszuloten und zu erweitern. Doch er weiß, daß er dabei den guten Ruf des Unternehmens nicht schädigen darf. Das bringt ihn in ein gewisses Dilemma, ein Dilemma, dessen er sich nur allzu bewußt ist.

„Wir erweitern unsere Marke auf neue Geschäftsfelder", sagt er, „aber wir achten immer darauf, unseren Namen nur für Produkte und Dienstleistungen zu verwenden, die unseren strengen Kriterien entsprechen oder die wir ihnen anpassen können."

In den letzten Jahren beschäftigte sich Branson intensiv damit, wofür die Marke Virgin steht. Er ist überzeugt, daß der gute Ruf des Unternehmens auf fünf Schlüsselfaktoren basiert: ein gutes Preis-Leistungs-Verhältnis, Qualität, Verläßlichkeit, Innovation und ein undefinierbarer, aber deutlicher Spaß an der Sache. (Eine andere, etwas saloppere Definition der Markenwerte von Virgin lautet: ursprünglich und unterhaltsam; modern und anders; Favorit der Konsumenten und Erste-Klasse-Qualität zum Economy-Class-Preis.)[3]

In einem klassischen Lehrstück von Re-Engineering sind es nun diese Markenwerte, die Virgin anpeilt, wenn es ein neues Geschäftsprojekt ins Auge faßt.

Branson sagt, daß jedes neue Produkt und jede neue Dienstleistung die folgenden Attribute oder zumindest das Potential für sie haben muß:

◆ Beste Qualität
◆ Innovationswert
◆ Gutes Preis-Leistungs-Verhältnis
◆ Konkurrenz für bestehende Alternativen
◆ Witz oder Unterhaltungswert

Von Virgin hört man, daß viele Projekte, die in Betracht gezogen werden, potentiell zwar sehr profitabel sind, aber zurückgewiesen werden, wenn sie nicht den Werten der Gruppe entsprechen.[4] Aber Branson sagt: „Wenn eine Idee mindestens vier dieser fünf Kriterien entspricht, nehmen wir sie normalerweise genauer unter die Lupe."

Wellen schlagen

Wenn man eine große Marke hat und eine Marktchance erkennt, sollte man sich von Kleinigkeiten wie der Tatsache, daß man auf dem entsprechenden Geschäftsfeld keine Erfahrung hat, nicht entmutigen lassen. Branson meint dazu: „Wenn man gut mit Menschen umgehen und sie motivieren kann, spielt es keine Rolle, ob man es mit der Flugbranche, der Soft-Drink-Industrie oder der Filmindustrie aufnimmt. Es gelten immer dieselben Regeln.

Aber man sollte niemals nur deswegen in eine Branche hineingehen, weil man Geld verdienen will. Man muß voll und ganz davon überzeugt sein, daß es möglich ist, diese Branche zu verändern, sie auf den Kopf zu stellen und dafür zu sorgen, daß sie nie wieder so sein wird wie zuvor. Mit den richtigen Leuten und dieser Überzeugung ist wirklich alles möglich. Und dann kann man ignorieren, daß die ganze Zeit von der Überdehnung der Marke gefaselt wird."

In letzter Zeit ist Bransons Überzeugung, daß Virgin das Erscheinungsbild ganzer Branchen verändern kann, allerdings etwas ins Wanken geraten. Das Engagement des Unternehmens in der Eisenbahnbranche, insbesondere im investitionshungrigen britischen Eisenbahnnetz, gab Anlaß zu Kritik.

Nach der anfänglichen Begeisterung darüber, daß Virgin die notorisch unpünktliche britische Eisenbahn umkrempeln und dafür sorgen würde, daß Verspätungen der Vergangenheit angehören, sind die Zugreisenden heute enttäuscht. Die Virgin-Züge erwarben sich rasch den Ruf, schmuddelig und um nichts pünktlicher zu sein. Branson erklärte, daß es fünf Jahre lang dauern würde, um den Service an die von Virgin erwarteten Standards heranzuführen. Manche Kritiker meinen, daß dieses Abenteuer der Marke Virgin Schaden zugefügt hat. Aber Branson ist davon überzeugt, daß der robuste Name das aushalten wird und noch einiges mehr.

„Wenn man sich 20 oder 30 Jahre lang einen guten Ruf aufgebaut hat, kennen einen die Leute wie einen Bruder oder eine Schwester", sagt er.

„Die Menschen kennen die Stärken des Unternehmens, und sie kennen die Schwächen. Eine Marke, die auf einem so langjährigen Ruf aufbaut, sollte den einen oder den anderen Ausrutscher verkraften und aus solchen Turbulenzen sogar gestärkt hervorgehen."[5]

Branson über den Ruf seiner Marke:
„Wenn man sich 20 oder 30 Jahre lang einen guten Ruf aufgebaut hat, kennen einen die Leute wie einen Bruder oder eine Schwester."

Bärtiger Frechdachs

Auch Bransons Marketingmix zeichnet sich durch nicht greifbare, aber um so wichtigere Zutaten aus. Alles, was Virgin tut, ist irgendwie lustig oder frech. „In den frühen Tagen", so Branson, „galt bereits der Name Virgin als ein wenig frivol. Wir durften ihn drei Jahre lang nicht beim Patentamt eintragen lassen, weil man ihn dort für 'derb' befand.

Aber wenn man eine Marke entwickelt, muß man manchmal ein kleines Risiko eingehen. EMI meinte, daß die Sex Pistols dem Ruf des Unternehmens schaden würden. Wir glaubten, daß sie genau die richtige Gruppe seien, um Virgin vom Geruch der Hippie-Ära zu befreien und endlich modernere Künstler anzulocken. Die Gerichtsverfahren wegen des Albumtitels *Never Mind the Bollocks, Here's the Sex Pistols* trugen nur dazu bei, das Image von Virgin zu stärken."

Die Marke pflegen

Eine der Fragen, die über Virgin am häufigsten gestellt werden, lautet, wie weit sich die Marke auf andere Geschäftsfelder erweitern läßt. Branson antwortet darauf, daß das so weit möglich ist, als ihre Integrität nicht darunter leidet. Die Strategie von Virgin ist, daß die Marke mit einem positiven Sympathiewert assoziiert wird und nicht so sehr mit den Produkten und Dienstleistungen. Das sind die Lektionen, die sich von Branson, dem Markenkönig, lernen lassen:

◆ *Eine gute Marke ist reiselustig.* Die Allgegenwart der Marke Virgin hat einige Experten zu der Frage bewogen, ob sie nicht schon verwässert ist. Doch wer weiß, was Branson im Sinn hat, dem ist klar, daß er eine vollkommen neue Art Markenargument geschaffen hat.

◆ *Die Marke läßt sich auf unendlich viele Geschäftsfelder ausdehnen.* Das Wichtigste am Markenargument von Virgin ist die Glaubwürdigkeit, die sie in ihrem Marktsegment genießt. Die bereits vorhandenen Produkte und Dienstleistungen von Virgin verleihen auch neuen Angeboten Glaubwürdigkeit.

◆ *Die Marke lieben, ehren und pflegen.* Branson sagt immer wieder, daß das wichtigste Vermögen von Virgin sein Ruf ist. Seine Philosophie lautet: Pflegen Sie Ihre Marke, und sie wird gedeihen und dauerhaft sein.

◆ *Regeln sind dazu da, gebrochen zu werden:* Wer einen guten Markennamen hat und eine Marktchance

> *erkennt, sollte sich von einer Kleinigkeit wie der Tat-*
> *sache, auf diesem Markt keine Erfahrung zu haben,*
> *nicht aus dem Konzept bringen lassen.*
>
> ◆ *Eine Prise Salz verbessert den Geschmack. Was*
> *immer Virgin tut, ein Quentchen Spaß oder Frechheit*
> *dürfen nicht fehlen. Das heißt nicht unprofessionell*
> *sein – im Gegenteil. Es zeigt bloß Sinn für Humor.*

Nicht nur die Plattencover von Virgin machen sich über das Establishment lustig. Jedes Produkt und jede Dienstleistung von Virgin ist irgendwie witzig. Nicht, daß das Unternehmen irgend etwas unprofessionell machen würde – ganz im Gegenteil. Es zeigt einfach seinen Sinn für Humor. Oft geht der Spaß auch auf Kosten seines ehrwürdigen Vorsitzenden.

Zum Beispiel die Werbekampagne für die Finanzdienstleistungsgesellschaft der Gruppe, Virgin Direct. Zu einer Zeit, in der ein anderer führender britischer Anbieter eine Kampagne laufen hatte, die auf dem vernunftorientierten und gediegenen Image seines Chefs aufbaute, druckte Virgin Werbematerial, auf dem ein junger Branson in den sechziger Jahren zu sehen war, der mit seiner runden Brille und dem Topfhaarschnitt wie ein Streber aussah. Die Botschaft? Wahrscheinlich, daß sogar ungeratene Unternehmer irgendwann einmal erwachsen werden müssen.

In letzter Zeit wurden in der *Times* und in anderen führenden Zeitungen doppelseitige Anzeigen geschaltet. Die Farbwerbung für das neue Designermodelabel von Virgin zeigt einen grinsenden Branson in einem seiner grauenhaften gemusterten Pullover. Der Text lautet: „Georgio macht Design. Ralph macht Design. Calvin macht Design. Richard nicht."

Anmerkungen

1 Rodgers, Paul, „The Branson Phenomenon", *Enterprise Magazine,* März/April 1997

2 Rodgers, Paul, „The Branson Phenomenon", *Enterprise Magazine,* März/April 1997

3 Campbell, Andrew und Sadtler, David, „Corporate Breakups", *Strategy & Business,* 3/1998

4 Virgin-Group-Literatur

5 Branson, Richard, „Money Programme", BBC, Juli 1998

Bitte lächeln

*Manch einer meint, daß Branson mit seiner charmanten Art,
munter und sorglos auf seine Ziele loszusteuern, das raffinierte-
ste Public-Relations-Unternehmen Großbritanniens führt.*

Andrew Davidson, Journalist

Man sieht ihm die gut geölte PR-Maschine vielleicht nicht an, doch Richard Branson ist im Lauf der Jahre selbst zu einem wandelnden Logo geworden. McDonald's hat den rothaarigen Clown Ronald McDonald, und Disney eine fünf Meter große Maus. Virgin hat seinen kauzigen Boß. Jedesmal, wenn sein Konterfei in der Presse erscheint, ist das PR für die Marke Virgin.

Diese Strategie, die wahrscheinlich eine der effektivsten Werbestrategien ist, die je von einem Unternehmen angewendet wurde, wird von Branson ganz bewußt eingesetzt. Das Risiko für den Ruf der Marke ist natürlich entsprechend hoch, sollte Bransons persönliches Image je einen Knacks bekommen. Bis jetzt erwies er sich jedoch als äußerst geschickt darin, das zu vermeiden, und es gelang ihm, die Marke Branson mit einem winzigen Werbebudget groß zu machen.[1]

Ein führender amerikanischer Werbemanager, der den Werbewert von Bransons fehlgeschlagenem Versuch, den Globus in einem Heißluftballon zu umrunden, kalkulierte, sagte: „Es gibt nicht genug Nullen, um das auszudrücken."

Wahrscheinlich ist es die Fähigkeit, die Publicity für seine Geschäfte zu orchestrieren, die Richard Branson so ganz anders macht als alle anderen Unternehmer. Selbst Persönlichkeiten wie Anita Roddick, Bill Gates und Ted Turner erfreuen sich keiner so positiven Presse wie Branson. Public Relations ist seine besondere Begabung.

Wie es Tim Jackson, Autor von *Virgin King,* ausdrückt: „Eine gute Presse war in Bransons Geschäftskarriere immer genauso wichtig, wie am Ende des Jahres schwarze Zahlen zu

> *„Seit seinen frühesten Tagen als Magazinherausgeber und Platteneinzelhändler weiß Branson, daß Berichte, die seine Unternehmungen als erfolgreich und expansiv beschreiben, zu selbsterfüllenden Prophezeiungen werden können."*

schreiben. Seit seinen frühesten Tagen als Magazinherausgeber und Platteneinzelhändler weiß Branson, daß Berichte, die seine Unternehmungen als erfolgreich und expansiv beschreiben, zu selbsterfüllenden Prophezeiungen werden können."

Als er Virgin Atlantic Airways gründete, war ihm schnell klar, daß er nicht wie die großen Fluglinien jedes Jahr Millionen Dollar für Werbung ausgeben konnte. Gratisberichte in den Medien waren seine einzige Überlebensmöglichkeit. Das veranlaßte ihn zu einigen tollkühnen Eskapaden und Publicity-Stunts. Die Entscheidung für den Versuch, den Rekord der schnellsten Atlantiküberquerung zu brechen, fiel wohl in dem Augenblick, in dem Branson feststellte, daß er sich die New Yorker Fernsehwerbetarife für seine Airline nicht leisten konnte.

Diese Taktik wendet Branson seitdem immer wieder mit überraschendem Erfolg an. Etwa ein Viertel seiner Arbeitszeit investiert er für Public-Relations-Aktivitäten.[2]

Schlagzeilen machen

Während andere Unternehmen riesige Summen für Werbung ausgeben, bekommt Branson immer wieder mal einen Artikel in den Zeitungen. Und während andere teure PR-Firmen engagieren, die Medienveranstaltungen für sie organisieren, betätigt sich Branson als Lieferant einer viel wichtigeren Ware: News.

Das Geheimnis seiner eigennützigen Publicitykampagnen liegt darin, daß er ein Gespür dafür hat, was die Medien interessiert. Um der Gründung seiner Airline zur nötigen Publicity zu verhelfen, kam Branson zum Beispiel mit einem braunen Lederflughelm zur Pressekonferenz. Die Journalisten waren begeistert, und tags darauf prangte Bransons Bild auf den Titelseiten aller Zeitungen. Die Story wirbelte so viel Staub auf, daß Virgin gar keine Werbung für seine ersten Flüge zu machen brauchte.

Mit der Zeit wurden Bransons Events immer toller. Um Virgin Cola in den USA einzuführen, fuhr er auf einer geschäftigen New Yorker Straße mit einem vollgetankten Kampfpanzer in eine Wand aus Coladosen. Nicht schwer zu erraten, welche Firma am nächsten Tag in den Nachrichten war.

Aber mit seinen aufsehenerregenden Vorstellungen und atemberaubenden Timings sucht Branson in Wirklichkeit eine gewisse Schüchternheit zu verbergen. In der Anfangszeit tat er sein Möglichstes, um Interviews mit Journalisten aus dem Weg zu gehen. Wer ihn persönlich kennt, mag die Vorstellung eines schüchternen Branson lächerlich finden. Bei näherer Betrachtung zeigt sich aber, daß er trotz eines gewissen Hangs zur Selbstdarstellung manchmal auch scheu und gehemmt ist. Irgendwie hat er etwas von einem Schauspieler. Vor den Kameras erweckt er den Eindruck von jemandem, der eine Rolle spielt, die irgendein Autor für ihn geschrieben hat. Branson gibt das selbst zu und sagt, daß er sich zu solchen Auftritten zwingen muß.

„Bis zu dem Zeitpunkt, als ich die Airline gründete, war ich wirklich schüchtern. Ich gab nicht gern Interviews und mied die Presse nach Möglichkeit. Ich beherzigte den Rat meiner Mutter, meine Unternehmen für sich selbst sprechen zu lassen. Aber als wir uns dann entschlossen, tatsächlich eine Airline zu gründen, sagte Freddie Laker, daß ich im Wettbewerb mit American Airlines, United und British Airways und ähnlichen niemals dasselbe Werbebudget haben würde wie sie ... aber wenn ich hinginge und ein wenig den

Andere Tycoons mögen mit stolzgeschwellter Brust im Bewußtsein ihrer Wichtigkeit daherkommen – Branson strahlt die Begeisterung eines Schuljungen aus.

Kasper machte, würde ich trotzdem auf die Titelseiten kommen."[3]

Seine Schüchternheit macht ihn erst so richtig interessant. Andere Tycoons mögen mit stolzgeschwellter Brust im Bewußtsein ihrer Wichtigkeit daherkommen – Branson strahlt die Begeisterung eines Schuljungen aus. Die Tatsache, daß er den öffentlichen Branson, der alles Konventionelle gegen den Strich bürstet, selbst erfunden hat, macht alles nur noch eindrucksvoller. Er ist ein selbstgemachter Medienheld.

Zweifellos ist Bransons Feeling für die Presse Goldes wert. Da er jede Chance, in die Medien zu kommen, instinktiv ergreift, ist er den behäbigen, konservativen Geschäftsleuten immer um eine Nasenlänge voraus. Ob es ihm leichtfällt oder nicht, Branson schafft es, natürlich und sogar spontan zu wirken, auch wenn jeder weiß, daß er den ganzen Tag dieselben Fragen beantwortet.

PR-Klischees, in die die meisten Selfmade-Helden unweigerlich tappen, geht er instinktiv aus dem Weg. Sein etwas ungelenkes Auftreten, seine Ähems und Aaahs geben ihm etwas Unmittelbares. Er hat eine gewisse Offenheit, die sehr anziehend wirkt. Und er hat etwas, was anderen fehlt: Glaubwürdigkeit. Die erhält er sich sogar dann, wenn er ganz offensichtlich eine PR-Übung durchzieht.

Befragt, ob die Tatsache, daß Virgin so viele schwarze und asiatische Mitarbeiter beschäftigt, auf eine bewußte Anti-Diskriminierungspolitik zurückzuführen sei, antwortet er: „Vielleicht sollte sie das. Aber es hat sich einfach so ergeben." Als man ihm von einem Pressebericht erzählte, in dem bestritten wurde, daß er seine Unternehmen im Ausland anmeldete, um Steuern zu sparen, sagte er rundheraus: „Das ist falsch. Die Entscheidung wurde aus steuerlichen Gründen getroffen.“

Kein noch so gründliches Briefing vor Interviews könnte ihn so unbeschadet durch potentielle Medienminenfelder führen.

Manchmal nehmen Bransons Geschichten nur allzu realistische Dimensionen an. Als er versuchte, die Welt in einem Heißluftballon zu umsegeln und damit spektakulär scheiterte, weil die Global Challenger 2000 Fuß pro Minute absackte, war die Crew mitsamt Branson ernsthaft in Gefahr. Im Verlauf des Dramas unternahm Alex Ritchie, der 52jährige leitende Techniker des Projekts und in letzter Minute rekrutierter Ersatz für das dritte Crewmitglied, eine heroische Klettertour auf den Ballon, um ihn von überschüssigem Gewicht zu befreien und damit die Katastrophe abzuwenden. Der Rekordversuch war gescheitert, aber aus kommerzieller Sicht war das Ganze ein Bombenerfolg.

Die kurze Reise der Global Challenger von kaum 400 Meilen hatte drei Millionen Pfund gekostet. Aber in der Marketingwelt zweifelte niemand daran, daß dieses Geld gut angelegt war. Auf eine 300 Millionen Pfund teure Kampagne von Pepsico, bei der die Concorde blau gestrichen wurde, verweisend, sagte ein britischer PR-Experte, daß Branson Pepsi „ums Vierfache ausgestochen“ habe.[4]

Eine Anekdote veranschaulicht Bransons Geschick für Medienbeziehungen. Bei seinem zweiten und erfolgreichen Versuch, den Blue Riband für die schnellste Atlantiküberquerung für Großbritannien zu holen, waren die Virgin-Leute auf trockenem Land die längste Zeit damit beschäftigt, eine Liste der nationalen und regionalen britischen Medien durchzugehen. Von der Zentrale in einem der Virgin-Plattengeschäfte aus riefen sie die Chefredakteure nacheinander an, um ihnen Termine für Live-Interviews mit Branson an Bord der Virgin Atlantic Challenger II anzubieten.

Während Branson die Fragen eines Journalisten beantwortete, erhielt der nächste vom Personal an Land bereits ein Hintergrund-Briefing und wartete darauf, durchgeschaltet zu werden. Der Skipper der Challenger hielt das stundenlang durch. Immer wieder beantwortete er dieselben schlauen Fragen, um möglichst viele Berichte zu bekommen. Schließlich wandte er sich zu Chay Blyth, dem weltweit yachterprobten Mann, der ihn bei dem Rekordversuch begleitete, und sagte zu ihm: „Mir wird langsam langweilig. Wir müssen ihnen etwas anderes erzählen." „Wir wären um ein Haar mit 'nem Wal kollidiert", antwortete der andere verschmitzt. „Wo, wo?" fragte Branson ganz aufgeregt. „Ich habe keinen gesehen." Erst als er Blyth ansah, dämmerte ihm, daß die Wal-Geschichte eine tolle Story hergeben würde. „Oh ja", sagte er. „Alles klar." Die nächsten Journalisten bekamen die Geschichte von dem riesigen Seeungeheuer zu hören, das das Boot fast gerammt hätte. Natürlich brachten sie sie.

Branson ist bereits so bekannt dafür, immer eine gute Story parat zu haben, daß jedes Virgin-Projekt von vornherein von der Öffentlichkeit und den Medien mit Interesse verfolgt wird. Virgin Bride, die Brautbekleidungskette des Konzerns, stand 18 Monate vor ihrer Gründung, als das Gerücht, das von einem Immobilienagenten aus West London in Umlauf gebracht wurde, innerhalb von drei Tagen seinen Weg in sämtliche überregionale Zeitungen fand. Sogar die *Los Angeles Times* biß an.[5]

Breites Grinsen, auch wenn's eng wird

Branson würde alles tun, um seiner Marke Publicity zu verschaffen. Das paßt zu seinem Hang fürs Abenteuerliche. Bei seinen schlagzeilenverdächtigen Aktionen geht es meist darum, schneller als die anderen zu sein: die Welt in einem Heißluftballon zu umsegeln, was ihn fast das Leben gekostet hätte, oder einen neuen Weltrekord in der Überquerung des Atlantik in einem Speedboot aufzustellen. „Das Leben ist ein Abenteuer, das Leben ist Spaß", klingt da durch – eben Virgins Motto.

Der Virgin-Boß hat ein besonderes Talent für Geschichten mit optischen Effekten. Wenn's sein muß, läuft er sogar wie ein Clown herum – wofür sich andere Geschäftsleute viel zu ernst nehmen. Die meisten Unternehmer legen großen Wert auf elegante Kleidung. In den Augen der Öffentlichkeit macht Bransons Bereitschaft, den Kasper zu spielen, aber nur um so deutlicher, wie steif und förmlich die anderen sind.

Branson über Verkleidungen:
„Ich habe in meinem Leben schon so ziemlich jedes Kostüm getragen. So bekommt man ein Foto, das normalerweise irgendwo im Blattinneren erscheinen würde, auf die Titelseite."

„Ich habe in meinem Leben schon so ziemlich jedes Kostüm getragen", sagt Branson. „So bekommt man ein Foto, das normalerweise irgendwo im Blattinneren erscheinen würde, auf die Titelseite."

Aber Branson traut sich noch mehr. Als er seine neue Airline einführte, schlüpfte er in die Uniform einer Stewardeß. Vor kurzem, als die neue Hochzeitsbekleidungskette gegründet wurde, zwängte er sich sogar in ein Brautkleid. Wie viele andere Firmenbosse würden sich in Frauenkleidern zeigen – öffentlich?

Unter den Mitarbeitern von Virgin sind die exhibitionistischen Vorlieben Bransons gut bekannt. Er scheint sich leidenschaftlich gern zu verkleiden, und auch einem kleinen Strip ist er nicht abgeneigt. Ein leitender Mitarbeiter erinnert sich, daß Branson auf einer Skireise in die Schweiz zum Entsetzen seiner Mitreisende wettete, daß er es wagen würde, splitterfasernackt den ganzen Hang hinunterzufahren. Es nahm zwar keiner die Wette an, aber Branson tat es trotzdem.[6]

Die Zeitung *Sun* meldete einmal, daß Branson an einem Wochenende auf dem Land Mitarbeiter in ein Fischrestaurant eingeladen hatte und dort auf dem Tisch in Strümpfen aus Fischernetz und Spitzenstrumpfhaltern einen heißen Striptease hinlegte. Die Geschichte erschien unter der Schlagzeile: „Schock: Strumpfkapriolen eines Pop-Tycoons". Die Zeitung schaffte es sogar, ein Foto des Ereignisses zu bekommen, auf dem Branson an seinem Markenzeichen – dem bunten Pullover – sofort erkennbar war.

Damals notierte Virgin an der Londoner Börse. Eine solche Story hätte dem Aktienpreis durchaus schaden können. Im selben Jahr hatten nämlich Gerüchte, Ralph Halpern, der 48jährige Chef einer Herrenbekleidungskette der Burton Group, habe eine Affäre mit einer 19jährigen Nachtklubtänzerin, zu einem Absacken des Aktienkurses dieses Unternehmens geführt.

Aber der Artikel, der in der *Sun* erschien, war durchaus positiv. Er lobte den Virgin-Chef für seine „gesunde" Einstellung und seinen Sinn für Humor, der, wie die Sun in ihrer typischen Art bemerkte, „die Jungfrau lächerlich machte". Die einzige Kritik bezog sich auf die Meldung, das Wochenende habe dem Unternehmen 250.000 Pfund gekostet. (Das Unternehmen sagte, daß die tatsächlichen Kosten nur etwa die Hälfte davon betragen hätten.)

Die Virgin-Aktionäre schienen Bransons Verhalten jedenfalls als ganz normal für jemanden zu betrachten, der sich mit Popstars und Hippies umgibt, sein Unternehmen von einem Boot aus führt und sich weigert, einen Anzug zu tragen.

Branson: der Superheld

Branson hat auch die bemerkenswerte Vorliebe, bei öffentlichen Dramen in unerwarteten Augenblicken aufzutauchen.

Im Vorfeld des Golfkriegs, als ein Flugzeug von British Airways mitsamt Crew von Saddam Husseins Leuten als Geisel genommen wurde, informierte Branson die britischen Medien, er habe dem Premierminister John Major ein Virgin-Flugzeug angeboten, um die Leute aus dem Irak herauszuholen. Er stellte rund um die Uhr ein abrufbereites Flugzeug bereit, das in den Irak fliegen und die Geiseln nach Hause holen konnte.

Nur Tage nachdem Prinzessin Diana bekanntgegeben hatte, daß sie sich aufgrund des Drucks der Medien aus dem öffentlichen Leben zurückziehen würde, erschien sie neben Branson, um einen Neuzugang zur Virgin-Atlantic-Flotte einzuweihen. Diana sah ganz entspannt als, als Branson sie mit Champagner bespritzte. Er überredete sie sogar dazu, in einer roten Virgin-Atlantic-Jacke zu posieren. (Branson ist wirklich ein PR-Genie).

Als der Popstar Boy George wegen seiner Heroinsucht in Schwierigkeiten war – wer trat da auf den Plan und streckte ihm eine väterliche helfende Hand entgegen? Kein anderer als Richard Branson, dessen Plattenlabel Virgin Records George in seinen Culture-Club-Zeiten entdeckt hatte. Branson entzog den taumelnden Popstar dem Scheinwerferlicht und brachte ihn in eine Entzugsklinik. Zyniker sahen auch hier den PR-Opportunisten am Werk, aber für andere wurde der Chef von Virgin zum fürsorglichen Vater des Pop-Business.

Philanthropie und Markensammeln ist nicht dasselbe

Doch noch eine andere Seite von Richard Branson erhält Aufmerksamkeit von den Medien. Im Lauf der Jahre beteiligte er sich an einer Reihe gemeinnütziger Aktivitäten, die viel Staub aufwirbelten. Dazu gehörten seine Bewerbung um die britische Nationallotterie, wobei er plante, alle Gewinne wohltätigen Zwecken zuzuführen; sein Engagement für die AIDS-Kampagne, im Zuge derer er die Mates-Kondome auf dem Markt einführte, die die Fast-Monopolstellung von Durex ins Wanken brachten und deren Gewinne zur Gänze wohltätigen Zwecken zugeführt werden; seine Unterstützung einer Anti-Raucher-Kampagne, die sich an Kinder richtet, und sein Engagement für die von der britischen Regierung gesponserte Jahr-2000-Initiative, bei der arbeitslose Jugendliche etwa für die Reinigung der britischen Straßen eingesetzt werden.

Es hieß sogar, daß Branson ein wichtiges öffentliches Amt übernehmen solle, und es kursierten Gerüchte, daß er für das Bürgermeisteramt von London kandidieren wolle. Es ist ein Zeichen seiner großen Popularität, daß er Umfragen zufolge ziemlich viele Stimmen bekäme.

Diese öffentlichen Aktivitäten zeichnen das Bild eines philanthropischen Branson. Obwohl sie im allgemeinen nichts mit seinem Firmenimperium zu tun haben, generieren sie auch Publicity für die Virgin-Gruppe. Weshalb einige Leute Bransons Motive in Frage stellen.

Natürlich gibt es viele Prominente, die sich scheinbar für die Wohlfahrt engagieren, dabei aber nicht wirklich wohltätige Zwecke verfolgen. Filmstars, Popstars und Politiker sind sich nicht zu minder, das eine oder andere mildtätige Anliegen ein wenig zu melken, um positive Presse zu bekommen. Im Fall von Branson scheint ein solcher Verdacht jedoch ungerechtfertigt. Natürlich profitiert sein persönlicher Ruf davon, daß er sich für wohltätige Zwecke engagiert, aber in der Hauptsache scheinen seine Gründe idealistischer Natur zu sein. Schließlich ist er der Mann, der im Alter von 18 Jahren das gemeinnützige Student Advisory Center schuf, dessen Zweck es war, jungen Menschen bei der Lösung ihrer Probleme zu helfen. Das war 1968, bevor er das Plattenversandgeschäft gründete, das den Grundstein zum Virgin-Imperium legte.

Und wenn es einen Bereich gibt, in dem Richard Branson nicht das Lob erhält, das er verdient, so ist das seine Wohltätigkeit. Für einen so begeisterten und geschickten Selbstpromoter wie ihn zeigt er sich überraschend tolpatschig, wenn es darum geht, positive Berichte für seine guten Taten zu erhalten. Obwohl er anscheinend keine riesigen Summen spendet, setzt Branson großzügig Zeit und Energie ein, um Anliegen zu unterstützen, die ihm wichtig sind. Bisher arbeitete er an drei großen öffentlichen Projekten mit.

Das erste war die Jahr-2000-Kampagne, eine Initiative, die darauf abzielte, private und staatliche Ressourcen zur Verbesserung der britischen Umwelt zusammenzulegen und arbeitslosen Jugendlichen eine sinnvolle Arbeitserfahrung zu ermöglichen. Auf das Ersuchen der Regierung Thatcher hin übernahm Branson die Rolle des Vorsitzenden. Von Anfang an wurde die Kampagne aber von üblen Presseberichten begleitet, und die britische Regenbogenpresse war entschlossen, sie nur als eine Übung zum Aufsammeln von Müll hinzustellen. Branson verließ seinen Posten ein Jahr darauf und zog sich enttäuscht zurück, um seine Wunden zu lecken.

Sein zweiter Vorstoß in den Bereich der öffentlichen Wohltätigkeit war die Einführung von Mates, einer Serie preisgünstiger Kondome, die dazu gedacht war, das Fast-Monopol von Durex zu brechen. Mates wurde zum geschäftlichen Erfolg, der erstmals Kondomwerbung ins britische Fernsehen brachte. Aber obwohl das Produkt das öffentliche Bewußtsein über die HIV-Problematik geschärft hatte, zeigte die Werbung kaum positive Auswirkungen auf die Verbesserung der öffentlichen Gesundheit, die ihr erklärtes Ziel gewesen war. Obwohl er sein eigenes Geld aufs Spiel gesetzt hatte, um ein Produkt einzuführen, dessen Erlöse für wohltätige Zwecke bestimmt waren, wurde Branson von der Presse kritisiert.

Bransons Bewerbung um die Betriebslizenz für die britische Nationallotterie brachte ihm ebenfalls ein negatives

Presseecho ein. Obgleich er immer wieder betonte, daß er keine Geschäfte mit der Lotterie machen wollte und obwohl er versprach, alle Gewinne wohltätigen Organisationen zuzuführen, die überhaupt nichts mit Virgin zu tun haben sollten, schaffte er es nicht, seine Botschaft an die Öffentlichkeit zu bringen. Wieder einmal gelang es zynischen Journalisten, seine altruistischen Absichten verzerrt darzustellen.

Interessant an Bransons Persönlichkeit ist, daß er gegenüber solcher Kritik erstaunlich sensibel zu sein scheint. Die meisten Leute, die im Brennpunkt der Öffentlichkeit stehen, würden damit rechnen, falsch verstanden zu werden, aber Branson wirkt fast naiv, wenn er sich fragt, warum die Presse wieder einmal auf ihn einhackt. Er scheint ehrlich enttäuscht darüber zu sein, daß die Journalisten die ehrlichen Motive für sein öffentliches Engagement in Frage stellen. Vielleicht ist er es aber auch nur gewöhnt, daß die Berichte immer positiv sind. Oder er befindet es als das Beste zur Abwehr von Kritik, den Verletzten zu spielen.

Versteckspiele

Fast genauso eindrucksvoll wie seine Fähigkeit, sich ins Rampenlicht zu stellen, wenn er es will, ist sein Geschick darin, negative Publicity für seine Geschäftsaktivitäten oder Berichte über sein Privatleben in den Medien zu vermeiden. Wie die Katze in *Alice im Wunderland* scheint Branson verschwinden zu können, wann es ihm paßt, so daß nichts weiter von ihm sichtbar bleibt als sein breites Grinsen.

Während andere Persönlichkeiten mit alternativen geschäftlichen Credos wie Anita Roddick sofort von der Presse bestraft werden, wenn sie einen falschen Schritt tun, bleiben viele von Bransons geschäftlichen Rückschlägen und Fehlern diskret vor den neugierigen Blicken der Öffentlichkeit verborgen. Roddick, so scheint es, wird für ihre offenkundige Selbstgerechtigkeit bestraft und dafür, daß sie ihre Marketingkniffe zu ernst nimmt. Branson hingegen wird als possenreißender Schuljunge gesehen, und man hält ihn im Zweifelsfall für unschuldig. Das könnte erklären, daß Branson kritische Presseberichte, wenn überhaupt, eher für seine philanthropischen Aktivitäten als für seine geschäftlichen Abenteuer bekommt.

Im großen und ganzen ist die Medienberichterstattung über Virgin jedoch positiv. Auf der anderen Seite ist Branson imstande, die Medien zu manipulieren, weil er über die Fähigkeit verfügt, von der Bildfläche zu verschwinden, wann immer es ihm paßt. Von Zeit zu Zeit tauchen Gerüchte über Geldknappheit der Virgin Group auf, und es wird gemunkelt, daß Branson sich übernommen habe. Die Tatsache, daß sein Unternehmen ein Privatunternehmen ist, dessen Anteile großteils über ausländische Trusts eingetragen sind, macht es Outsidern sehr schwer herauszufinden, wie seine Bilanz tatsächlich aussieht. Dieses völlig legale und steuerschonende Arrangement wirkt zu Bransons Vorteil.

Es ist Branson gelungen, über die inneren Mechanismen seines Imperiums einen Schleier zu breiten. 1986 brachte er Virgin an die Londoner Börse, nur um es wieder zurückzukaufen, weil ihm die Beschränkungen nicht gefielen, die eine Notierung mit sich brachte.

Viele meinen, daß es zwei Richard Bransons gibt: den Liebling der Leute, den Millionen kennen, und den Geschäftsmann, der nur seinen Geschäftspartnern bekannt ist.

Seine Fähigkeit, aus dem Scheinwerferlicht herauszutreten und mit einem Schlag aus dem Sichtfeld zu verschwinden, ist eine teilweise Erklärung für seinen andauernden Erfolg, aber auch eine Methode, seine Geschäftsinteressen vor schädlicher Spekulation zu schützen. Auch seine Kinder hält er von den Medien fern. Darauf achtet seine Frau Joan. Wie Branson dieses Kunststück schafft, ist nicht ganz klar. Vielleicht muß ein Liebling der Öffentlichkeit einfach in der

Lage sein, zu verschwinden, wann es ihm paßt. Es könnte aber natürlich auch hilfreich sein, daß er eine Insel in der Karibik besitzt, auf der er unauffindbar ist, und auf der er bei Bedarf tolle Partys für die Medien schmeißt.

Bitte lächeln

Man mag Richard Branson die gut geölte PR-Maschine nicht ansehen, trotzdem ist er mit den Jahren zu einem wandelnden und sprechenden Logo geworden. Jedesmal, wenn sein Konterfei in der Presse erscheint, ist das Werbung für Virgin. Bransons Art, für sein Unternehmen zu werben, hat subtile und weniger subtile Aspekte. Unter anderem:

◆ ***Man muß herausfinden, was die Medien wollen, und es ihnen geben.*** *Während andere Unternehmen riesige Summen für Werbung ausgeben, bekommt Branson jede Menge Gratisberichterstattung in den Zeitungen. Und während andere teure PR-Firmen engagieren, die Medienveranstaltungen für sie organisieren, betätigt sich Branson als Lieferant einer viel wichtigeren Ware: News.*

◆ ***In Bildern denken.*** *Branson ist zu fast allem bereit, um Werbung für seine Marke zu machen. Besonders gut ist er darin, bebilderte Storys zu liefern.*

◆ ***Sich bemerkbar machen.*** *Branson schafft es immer wieder, bei öffentlichen Dramen in unvorhergesehenen Momenten aufzutauchen.*

◆ ***Markensammeln und Philanthropie ist nicht dasselbe.*** *Branson war über die Jahre hinweg an vielen prominenten gemeinnützigen Initiativen beteiligt.*

Obwohl diese normalerweise nichts mit seinem Geschäftsimperium zu tun haben, generieren sie auch Publicity für die Virgin Group.

◆ **Sich von Zeit zu Zeit unsichtbar machen.** *Fast ebenso beeindruckend wie Bransons Fähigkeit, sich ins Scheinwerferlicht zu stellen, ist seine Geschick, negative Publicity für seine geschäftlichen Aktivitäten zu vermeiden.*

Anmerkungen

1 Und das trotz Anschuldigung, eine Frau sexuell belästigt zu haben

2 Mitchell, Alan, „Leadership by Richard Branson", *Amrop* International, 1995

3 Hattersley, Roy, „I'm Richard, fly me", *The Guardian*, 20. Juni 1998

4 Brown, Mick, „Richard Branson: The Authorized Biography", 4. Aufl., Headline 1998

5 Literatur der Virgin Group

6 Jackson, Tim, „Virgin King", Harper Collins, London 1994

Kein Schafhirte sein

Die Mitarbeiter von Virgin sind nicht bezahlte Hilfskräfte. Sie sind auch keine Bauern der Unternehmensleitung, die in einem gigantischen Schachspiel hin- und hergeschoben werden. Sie sind eigenständige Unternehmer.[1]

Richard Branson

Keine Schafe hüten – kreative Geister heranziehen! Das ist Bransons Art zu führen. Anstatt zu erwarten, daß ihm seine Leute blind folgen, setzt er darauf, das Beste aus ihnen herauszuholen, indem er ihnen eine anregende und herausfordernde Umgebung bietet. Es ist, als ob er versuchte, einen Sack Flöhe zusammenzuhalten: Das ist zwar viel schwerer als Schafe zu hüten, aber bei weitem lebendiger.

Der Chef von Virgin ist in vielerlei Hinsicht die archetypische Führungspersönlichkeit der Zukunft. Er befiehlt seinen Leuten nicht – er inspiriert sie. Er besitzt die wertvollste aller Führungsqualitäten – Glaubwürdigkeit. Man könnte behaupten, er holt das Beste aus den Leuten heraus, und zwar nicht mit Drohungen, sondern durch Lob. Oder er ist bloß ein ziemlich begabter Unternehmer, der sich von seiner eigenen Begeisterung mitreißen läßt und viel Glück hat. Doch das ist längst nicht alles.

In Wirklichkeit ist er deswegen so überzeugend, weil er den Anführer nicht einfach aus dem Stegreif „spielt", sondern weil er hart an seiner Rolle arbeitet. Branson weiß besser als die meisten, daß das Führen eine Kunst ist, aber eine Kunst, die mehr mit dem Dirigieren eines Orchesters als mit dem Spielen von Solos zu tun hat.

Branson weiß besser als die meisten, daß das Führen eine Kunst ist, aber eine Kunst, die mehr mit dem Dirigieren eines Orchesters als mit dem Spielen von Solos zu tun hat.

Andere zu führen ist vielleicht die am schwierigsten zu definierende aller menschlichen Aktivitäten. Timing ist einer der entscheidenden Faktoren. Kommt die Stunde, so sagt man, kommt auch der richtige Mann. Was immer wir über die Führungskräfte des einundzwanzigsten Jahrhunderts denken mögen, es scheint klar, daß ihr Führungsstil eher dem Richard Bransons als dem Lord Hansons ähneln wird. Die Tage der berechnenden Firmenausschlachter sind gezählt. Die Fähigkeit, aufstrebende Unternehmen zu managen und Imperien aufzubauen, wird in Zukunft höher eingeschätzt werden als die Kunst, das Familiensilber zu verkaufen.

Aber der beste Führungsstil kann einen Mangel an Substanz nicht kompensieren. Vielleicht ist das der Grund, warum überforderte Chefs es vorziehen, sich hinter ihren Titeln und Statussymbolen zu verschanzen und ihre Autorität von ihrem Platz in der Hierarchie abzuleiten. Erfolgreiche Unternehmer sind andererseits meist Persönlichkeiten, die anderen zugleich Angst und Ehrfurcht einflößen.

Heute beeindrucken uns diese beiden Stile nicht mehr so sehr wie früher. Die moderne Ansicht ist, daß gute Führungskräfte die Mitarbeiter dazu bringen, ihnen gern zu folgen. Als Richard Branson in den sechziger Jahren seine Aktivitäten aufnahm, wies noch nichts darauf hin, daß der Befehl-und-Kontrolle-Stil der alten Zeit bereits am Ende war. Branson verzichtete zugunsten inspirierter Führung auf hierarchische Macht und war damit seiner Zeit um 25 Jahre voraus.

Lenken von der Hinterbank aus

Eines der Charakteristika von Bransons Führungsstil besteht darin, daß er weiß, wann er Platz machen und die Leute eigenständig arbeiten lassen muß. Virgin ist so strukturiert, daß er auch gar nicht anders kann. Da die Virgin-Familie aus fast 200 Unternehmen besteht, ist es einfach nicht möglich, daß er sich persönlich um alle Details kümmert. Ob Planung oder Zufall, Branson muß von der Rückbank aus führen. (Es gibt nur ein Unternehmen, das er anscheinend nicht allein agieren lassen kann: Virgin Atlantic.)

Im großen und ganzen wirkt sich der legere, zurückhaltende Führungsstil aber überaus positiv aus. Die Manager in der Gruppe genießen es, eigenverantwortlich zu handeln. Dadurch sind sie viel motivierter. Anders als in den meisten Unternehmen verschwenden sie ihre Zeit nicht mit unnötigen Meetings und sinnlosen Berichten, damit die Zentrale etwas zu tun hat. Das liegt daran, daß in der Zentrale von Virgin nicht einmal 25 Leute arbeiten, einschließlich Bransons selbst.

Wenn er also nicht in die tägliche Unternehmensführung eingebunden ist, was tut der Leiter von Virgin eigentlich auf seiner Rückbank? Das ist schwer zu beschreiben. Man könnte sagen, er begeistert andere und trägt zu der Geschäftigkeit bei, die alle Teile der Gruppe entfalten.

Darüber hinaus ist Branson auch als Galionsfigur der Marke Virgin wichtig. Er unterstützt neue Unternehmungen mit viel Engagement. Die Publicity, die er schafft, kommt allen Unternehmen der Gruppe zugute. Im Moment muß er seine öffentlichen Auftritte auf einen oder zwei Medienevents pro Geschäftsjahr reduzieren.

Aber das Bransonsche Führungsmodell hat noch etwas Besonderes. Branson steht für etwas, was die Leute motiviert, für ihn zu arbeiten – Werte, die den Mitarbeitern von Virgin wichtig sind. Es ist schwierig, genau zu definieren, worin diese Werte bestehen, aber man könnte sagen, daß es darum geht, ein Unternehmen für einen Zweck und nicht aus reinen Gewinngründen zu führen.

Ein Katalysator

Ein weiterer wichtiger Aspekt von Bransons Rolle als Leiter von Virgin besteht darin, daß er die Zukunft plant. Im Gegensatz zu Visionären wie Bill Gates von Microsoft und Andy Grove von Intel spintisiert er jedoch nicht vor sich hin und heckt auch keine Strategien aus. Statt dessen ist Branson jemand, der immer auf Kundensuche ist, und der die meisten der Geschäftsideen, die Virgin in Angriff nimmt, in Nuggets aus reinstem Gold verwandelt.

Branson ist ständig auf der Suche nach neuen Geschäftsideen. Er und seine beiden Berater prüfen jede Woche um die fünfzig Vorschläge. Die meisten werden sofort zurückgewiesen, aber wenn es auch nur den Schimmer einer Chance für eine neue Virgin-Firma gibt, schauen sie sich die Sache genau an.

Zu erkennen, daß ein Geschäft Potential hat, ist schon nicht einfach, es zu verwirklichen aber noch viel schwieriger. Doch das ist eines von Bransons Geheimnissen: die Fähigkeit, Dinge umzusetzen. Er ist ein Katalysator. Die Kettenreaktion, die er in Gang bringt, formt die Energie für ein Projekt oder eine Idee in kinetische Energie um, die bewirkt, daß die Leute in tausend Richtungen auseinanderstieben.

Als der Unternehmensberater Don Cruickshank als geschäftsführender Direktor in die Gruppe geholt wurde, um Virgin auf den Gang an die Börse vorzubereiten, erkannte er rasch, daß es keinen Zweck hatte zu versuchen, Bransons Unternehmungen in eine konventionelle Organisationsstruktur zu pressen. Damit hätte er sich nur selbst eine Niederlage zugefügt. Statt dessen, so überlegte Cruickshank vernünftig, würde er das Unternehmen rund um seinen energiegeladenen Boß strukturieren müssen.

Nachdem er Bransons Talent, andere zu begeistern, erkannt hatte, ermutigte ihn Cruickshank, der ehemalige

Berater von McKinsey, „weiterhin neue Ideen zu erträumen, die verwirrende Vielfalt neuer Projekte zu prüfen und in zwei Jahren mehr neue Unternehmen zu gründen, als die meisten Unternehmer dies im Verlauf ihrer gesamten Karriere tun".[2]

Branson sollte bloß nicht versuchen, sich zu ändern, warnte Cruickshank. Statt dessen riet er ihm, weiterhin das zu tun, worin er wirklich gut ist: andere zu motivieren und seine Zuversicht und seine Überzeugung weiterzugeben, daß sich jedes neue Projekt als Erfolg entpuppen wird. Kurz gesagt sollte Branson seine gesamte Energie in seine Katalysatorfunktion stecken. Dann brauchte man nichts weiter als eine Gruppe von Leuten, die hinter ihm aufräumten und ihm zu klären halfen, was er erreichen wollte.

Eines von Bransons größten Talenten besteht darin, die Leute von einer neuen Geschäftsidee zu begeistern und sie dann einfach darauf loszulassen. Seine eigene Begeisterung ist ansteckend. Er konzentriert sich auf ein Ziel oder ein Ergebnis, und dann tritt er einen Schritt zurück und überläßt die Arbeit anderen. Irgendwie spornt er seine Leute zu Leistungen an, von denen sie nie gedacht hätten, daß sie sie erbringen könnten.

Ein Talentesucher

Wenn man es recht bedenkt, hat Richard Branson weder klar umrissene geschäftliche Fähigkeiten noch eine einschlägige Ausbildung. Er ist eigentlich kein Zahlenmensch – in der Schule fiel er dreimal beim Mathematikgrundkurs durch. Und er versteht auch nichts von Computern. Er kann einen Laptop nicht einmal einschalten und hat keine Ahnung von einem Betriebssystem. Zwar hat er einen Hang zu Marketing und Publicity, aber kaum theoretisches Wissen oder Interesse. Am liebsten macht er die Dinge auf seine Art.

Branson über seine Mitarbeiter:
„Die Mitarbeiter von Virgin sind nicht bloß bezahlte Hilfskräfte. Sie sind keine Bauern der Unternehmensleitung, die in einem gigantischen Schachspiel hin- und hergeschoben werden. Sie sind eigenständige Unternehmer."

Was hat dieser Branson eigentlich einzubringen (außer sich selbst)?

„Was ich am besten kann, ist Leute finden und sie arbeiten lassen", sagt er. „Die Mitarbeiter von Virgin sind nicht bloß bezahlte Hilfskräfte. Sie sind keine Bauern der Unternehmensleitung, die in einem gigantischen Schachspiel hin- und hergeschoben werden. Sie sind eigenständige Unternehmer."[3]

Jedenfalls scheint Branson gut darin zu sein, sich mit talentierten Leuten zu umgeben und die richtige Atmosphäre zu schaffen, in der sie arbeiten und sich entwickeln können. Und das ist nicht wenig.

Im Lauf der Jahre erwies sich Bransons persönlicher Ruf als eines der wirkungsvollsten Mittel, Mitarbeiter zu rekrutieren. Viele der fähigsten Manager von Virgin traten selbst an Branson heran, weil sie sich angezogen fühlten von dem, was sie über seine Art zu führen gelesen und gehört hatten. Einer seiner wichtigsten Beiträge zum Unternehmen besteht darin, ein Magnet für diese Leute zu sein und sie zu erkennen und einzufangen, wenn sie auftauchen. Er ist ein Leutefinder.

Dasselbe Prinzip erstreckt sich auch auf Geschäftsideen. Branson verbringt viel Zeit damit, die zahlreichen Vorschläge zu überprüfen, die von anderen Unternehmen an Virgin herangetragen werden werden. Gute Chancen haben jene, bei denen es um institutionalisierte Märkte geht, die zur Marke Virgin passen (ursprünglich und unterhaltsam; modern und anders; Favorit der Konsumenten und Erste-Klasse-Qualität zu Economy-Class-Preisen), sich für das Virgin-Konzept eignen, ein interessantes Risiko-Ertrags-Verhältnis aufweisen und von einem fähigen Managementteam präsentiert werden.

Wenn Virgin-Projekte einmal nicht erfolgreich waren[4], dann lag es oft daran, daß Branson selbst eine Idee gehabt und sich auf die Suche nach einem geeigneten Manager dafür gemacht hatte. Die besten Geschäftsvorschläge wurden ihm von Managern vorgelegt, die die Sache auch gleich selbst in die Hand nehmen wollten. Branson spürt Talente eher auf, wenn sie zu ihm kommen, als wenn er hinausgeht und sie selbst sucht.

Meister des Chaos

Bransons andere Führungsqualität besteht darin, eine kreative Umgebung zu schaffen und zu fördern – deshalb ist die Atmosphäre bei Virgin so energiegeladen. „Ein Tollhaus", beschrieb es ein Besucher. „Überall rennen aufgescheuchte Leute herum."

Ein anderer schilderte den Eindruck, den der Sitz von Bransons erstem Unternehmen in der Albion Street im Jahr 1969 auf ihn machte: „Die Telefone klingelten. Attraktive Frauen kamen und gingen. Am anderen Ende des Raumes telefonierte ein junger Mann mit hellbraunem Lockenschopf und einem betörenden Lächeln."

Ein anderer über die Atmosphäre der Virgin-Zentrale in Holland Park: „In der Küche oberhalb von Richard Bransons Büro stapeln sich dreißig schmutzige Teller. Am Treppenabsatz steht ein Kopiergerät. Überall in dem Büro, von dem aus er 200 Firmen dirigiert, sind die Türen weit offen, gebrauchte Tassen stehen auf den Tischen herum, Leute kommen und gehen ... das alles hat nichts von einer modernen Unternehmenszentrale an sich."[5]

Und inmitten von all dem Chaos sitzt Richard Branson: Meist ist er damit beschäftigt zu telefonieren, seinen Charme spielen zu lassen, jemanden zu necken oder schönzutun, herumzubrüllen oder irgend jemanden dazu zu bewegen, etwas für Virgin zu tun.

Wie der Regisseur eines Marx-Brothers-Films ist Branson der Meister des Chaos, in dessen Mitte er steht und es dirigiert. Seiner eigenen Meinung nach tut er das mit lobenswerter Zurückhaltung. Er läßt den Virgin-Firmen freie Hand bei ihren Entscheidungen und mischt sich nur selten in betriebliche Angelegenheiten ein.

„Die Chefs der einzelnen Unternehmen haben fast unbeschränkte Autorität, Entscheidungen zu treffen. Wenn ich einen Vorschlag mache, dann sagen sie mir ziemlich oft, ich könne sie mal ...", sagt er.

Manche sehen das anders. Der Grund, warum Virgin als Aktiengesellschaft nicht funktionierte, so die Kritiker, liegt darin, daß Branson alles unter Kontrolle haben will und es haßt, irgend jemandem Rechenschaft ablegen zu müssen. Nach Meinung seiner Kritiker mischt er sich auch immer und überall ein und untergräbt die Autorität seiner Manager, indem er Einfluß auf Entscheidungen nimmt, die er eigentlich delegiert hat.

Ganz im Gegensatz zu Bransons Behauptungen, so ein verärgerter ehemaliger Mitarbeiter, „sitzen die Top-Manager von Virgin den ganzen Tag lang da und nicken brav zu allem, was Branson von sich gibt. Keiner würde es wagen, ohne seine Einwilligung auch nur zur Toilette zu gehen."

Trotz dieser Vorwürfe ist es schwer vorstellbar, daß ein Imperium wie Virgin von einem solchen Pascha zusammengehalten werden könnte. Die meisten Diktatoren stellen starre Regeln auf, um die Leute zu kontrollieren. Bransons Unternehmen jedoch ist eher chaotisch als straff organisiert.

Schiff ahoi

Viele nennen Branson einen Mann mit Visionen, einen Weisen oder gar Guru. „Der 'Hippie-Kapitalist' ist zu einem Unternehmensvisionär geworden. Sein Managementstil und seine Philosophie sind Lehrbeispiele für den Kapitalismus, der sich in der Mühle des Wandels befindet", bemerkt ein Experte.[6] „Als Kind der revolutionären sechziger Jahre ist ihm eine einzigartige Synthese zwischen den Werten eines jugendlichen Revoluzzers und denen eines modernen Unternehmens gelungen (...). Irgendwie lassen seine Wertvorstellungen und sein Führungsstil unsere Zweifel über die Moral und den Sinn und Zweck des modernen Kapitalismus verschwinden."

Auch wenn er im romantischen Sinn des Wortes ein Utopist sein mag, ist er kein Sozialromantiker. Er hat kein Patentrezept. Selbst wenn er meint, Lösungen zu haben, würde Branson die Menschen nicht vor den Kopf stoßen wollen, indem er diese Lösungen öffentlich präsentiert. Trotz seines ungeheuren Sinns für Humor ist er politisch viel zu korrekt, um irgendeine gesellschaftliche Gruppe zu beleidigen. Wenn man ihm Fragen zu umstrittenen Themen stellt, gibt er am liebsten mehrere Antworten, unter denen man sich die außssuchen kann, die einem am besten gefällt. Er weist darauf hin, daß jedes Thema viele Facetten hat, und sagt, daß es keine richtige oder falsche Antwort gibt.

In Wahrheit ist „das mit der Vision" Bransons Sache nicht. Am besten ist er darin, sein unversehrtes Piratenauge fest ans Fernrohr zu drücken und den Horizont nach schwer beladenen Schatzschiffen abzusuchen, die er

„Der 'Hippie-Kapitalist' ist zu einem Unternehmensvisionär geworden. Sein Managementstil und seine Philosophie sind Lehrbeispiele für den Kapitalismus, der sich in der Mühle des Wandels befindet."

entern könnte. Mit dem anderen Auge überwacht er das Hier und Jetzt, weil er wissen will, was seine Anhänger, die Virgin-Jünger, bewegt.

Eine der Lektionen, die man von Branson lernen kann, lautet, daß man gut daran tut, nicht an grandiosen Ideen und Projekten hängenzubleiben, sondern mit der Zeit zu gehen. Eine seiner herausragendsten Fähigkeiten ist, in Kontakt mit den Kunden und Mitarbeitern von Virgin zu bleiben und das dadurch gewonnene Wissen dazu einzusetzen, neue Geschäftschancen auszuspionieren, die reif für die Virgin-Formel sind. Was seine Philosophie und seine Ideen für eine bessere Welt anbelangt, lassen sie sich von seinem instinktiven Gefühl für das, was die Menschen motiviert und inspiriert, nur schwer trennen. Anders ausgedrückt: Erwarten Sie keine Antworten von Branson, sondern folgen Sie ihm dorthin, wohin ihn sein Instinkt führt.

Kein Schafhirte sein

Statt zu erwarten, daß ihm seine Leute blind folgen, setzt Branson auf seine Fähigkeit, das Beste aus ihnen herauszuholen, indem er ihnen eine anregende und herausfordernde Umgebung bietet. Es ist, als ob er versuchte, einen Sack Flöhe zusammenzuhalten: Das ist zwar viel schwerer als das Schafehüten, dafür aber auch viel interessanter und lebendiger. Welche Lektionen können Führungskräfte daraus ziehen?

◆ *Von der Hinterbank aus lenken. Eine von Bransons Führungsqualitäten ist zu wissen, wann er einen Schritt zurückzutreten und die Leute arbeiten lassen muß.*

- ◆ **Ein Katalysator sein.** *Branson ist einer. Die Kettenreaktion, die er auslöst, formt die Energie für ein Projekt oder eine Idee in kinetische Energie um, die bewirkt, daß die Leute in tausend Richtungen auseinanderstieben.*

- ◆ **Sich mit talentierten Leuten umgeben.** *Branson ist gut darin, sich mit talentierten Leuten zu umgeben und die richtige Atmosphäre zu schaffen, in der sie arbeiten und sich entwickeln können.*

- ◆ **Das Chaos fördern.** *Branson ist der Meister des Chaos, das er wie ein Orchester dirigiert.*

- ◆ **Den Horizont ständig nach neuen Ideen absuchen.** *Bransons große Fähigkeit liegt darin, ständigen Kontakt mit den Kunden und Mitarbeitern von Virgin zu haben und die so gewonnenen Informationen dazu zu nutzen, neue Geschäftschancen auszuspionieren, die reif für das Konzept von Virgin sind.*

Anmerkungen

1 Mitchell, Alan, „Leadership by Richard Branson", *Amrop* International, 1995

2 Jackson, Tim, „Virgin King", Harper Collins, London 1994

3 Mitchell, Alan, „Leadership by Richard Branson", *Amrop* International, 1995

4 Campbell, Andrew, und Sadtler, David, „Corporate Breakups", *Strategy & Business*, 3/1998

5 „Has he won the lottery?", *The Independent*, 17. Dezember 1995

6 Mitchell, Alan, „Leadership by Richard Branson", *Amrop* International, 1995

Schneller als der Blitz

Er sagt einfach ja oder nein. Er verplempert seine Zeit nicht da-
mit, ein paar Leute aus dem mittleren Management mühsam
davon zu überzeugen, daß eine Idee gut ist.

Rowan Gormley, CEO, Virgin Direct

Wenn es etwas gibt, das Richard Bransons Verachtung für die „Herren im Nadelstreif" wirklich rechtfertigt, dann ist es deren lahme Reaktionsgeschwindigkeit. Managementgurus können es nicht fassen, daß es ein großes Unternehmen gibt, das rasch reagiert. Denn die meisten internationalen Unternehmen werden durch ihre eigene Bürokratie träge und behäbig gemacht.

Nicht einmal die Schrumpfungen der letzten Jahre konnten das Problem in den Griff bekommen. Im Zentrum der meisten Unternehmen steht eine dicht geschlossene Reihe ineffizienter Manager, die nicht einmal dann eine Entscheidung treffen könnten, wenn ihr Leben auf dem Spiel stünde. Branson zeigt seinen schwerfälligen Rivalen hingegen schon seit drei Jahrzehnten, was Agilität ist. Immer wieder demonstriert Virgin, wie man jede Gelegenheit sofort am Schopf packt.

Dazu verläßt sich Branson ebenso auf seinen Instinkt wie auf eingehende Analysen. Entscheidungen trifft er in kürzester Zeit. Ausschüsse und Projektteams, wie man sie von anderen Unternehmen kennt, sind bei Virgin so gut wie nicht vorhanden.

Turbo-Branson

Branson reagiert blitzschnell, wenn sich eine Chance auftut. Aufstrebende Jungunternehmer können da viel von ihm lernen. Ein eingebauter Turbolader ist zweckmäßig. Die Geschwindigkeit, die Branson vorgibt, ist oft atemberaubend. Virgin Atlantic Airways hob ganze fünf Monate nach dem Zeitpunkt ab, an dem Branson das erste Mal über die Idee sprach. Virgin Trading, das Konsumgüterunternehmen, wurde nur einige wenige Tage vor Virgin Cola auf die Beine gestellt.

Virgin Direct, die Finanzdienstleistungfirma, stand innerhalb von fünf Monaten. „Die meisten Leute hätten mindestens zwei Jahre gebraucht", sagt der geschäftsführende Direktor Rowan Gormley. „Branson hat einen phantastischen Marketinginstinkt, und er weiß das auch. Er sagt einfach ja oder nein. Er verplempert seine Zeit nicht damit, ein paar Leute aus dem mittleren Management mühsam davon zu überzeugen, daß eine Idee gut ist."

„Er arbeitet 35 Stunden täglich", sagt ein langgedienter Mitarbeiter von Virgin – und er erwartet von seinen Leuten dasselbe, indem er oft unmögliche Anforderungen an ihre Zeit und ihre Geduld stellt.

Oft setzt Branson sein legendäres Tempo ein, um Konkurrenten auszumanövrieren. So hatte er zum Beispiel einmal einen Termin bei Ariola, der französischen Tochter einer deutschen Plattengesellschaft, die auch den Plattenvertrieb für andere Unternehmen, darunter damals Virgin, durchführte. Eine Führungskraft ließ durchsickern, daß Ariola plane, einen talentierten Sänger namens Julien Clerc unter Vertrag zu nehmen. Branson zog sich eilends auf die Toilette zurück und notierte sich den Namen auf der Hand. Bei der ersten Gelegenheit rief er einen der Direktoren der französischen Niederlassung von Virgin an und fragte ihn, ob er den Sänger kenne. Clerc sei sehr populär, beschied man ihm. Daraufhin setzte sich Branson mit dem Manager des Sängers in Verbindung und nahm Clerc für Virgin unter Vertrag.[1]

Nicht lange fackeln

Branson hält nicht viel von Marktforschung. Er folgt lieber seinem Gefühl dafür, was die Konsumenten wollen. Und das ergibt sich aus Gesprächen mit ihnen. Wenn Virgin von Marktstudien profitierte, dann wurden sie oft von Joint-venture-Partnern durchgeführt, bevor diese einen Geschäftsvorschlag machten, oder um das Produktangebot nach Beginn der Kooperation mit Virgin zu verfeinern. Einer der größten Vorteile einer so mächtigen Marke besteht darin, daß die Knochenarbeit oft von den Partnern übernommen wird.

Sobald Branson grünes Licht für die Idee gibt, kümmern sich andere um die Details. Bransons Bereitschaft, zu springen, ohne vorher lang nachzudenken, hat bedeutende Vorteile. Sie ermöglicht es Virgin, neue Produkte – und sogar ganze neue Unternehmen – viel schneller auf die Beine zu bringen als die träge Konkurrenz.

Bei der Geschwindigkeit, mit der sich die Geschäftswelt heutzutage verändert, kann das Tempo entscheidend dafür sein, ob es gelingt, eine Gelegenheit beim Schopf zu packen, oder ob die Chance ungenutzt vorüberzieht. Wenn es nicht läuft wie erwartet, kann ein unprofitables Unternehmen wieder geschlossen werden – Voraussetzung ist allerdings, daß der gute Ruf von Virgin darunter nicht leidet.

Einer der größten Vorteile einer so mächtigen Marke besteht darin, daß die Knochenarbeit oft von den Partnern übernommen wird.

Das erweckt vielleicht den Eindruck einer allzu lockeren Einstellung zur unbezahlbaren Marke Virgin. Doch es sind etliche Sicherungen eingebaut, die es Branson erlauben, geschäftlich polygam zu sein. Man sagt, daß er ein Kontrollfreak ist, wenn es um Joint-ventures geht und daß er nur dann gern Partnerschaften mit anderen

Unternehmen eingeht, wenn er die kontrollierende Mehrheit hat. Wenn der Name Virgin für das Produkt eines anderen Unternehmens verwendet wird, behält Branson sich die Rolle des Markenwächters vor. „Wir achten darauf, unseren Namen nicht mit Produkten in Verbindung zu bringen, auf die wir nicht stolz sein können", sagt er. „Und wir haben das Recht, unseren Namen mit einwöchiger Frist zurückzuziehen, wenn uns die Ziele des anderen Unternehmens nicht gefallen."

Gleichzeitig zielt Virgin bei den meisten seiner Partnerschaften darauf ab, eine „Supermehrheit" auszuhandeln, deren kontrollierender Anteil weit höher liegt als es der Investition entspricht.

„Branson hat für ein privates Unternehmen einen intelligenten Weg eingeschlagen", sagt ein Investmentexperte. „Er expandiert durch Joint-ventures und läßt möglichst viel Geld von den anderen bereitstellen, anstatt sich allzu sehr mit den Banken einzulassen."

Der entscheidende Augenblick

Das Timing ist ausschlaggebend für Bransons Erfolg. Er ist der Meister des entscheidenden Augenblicks, des Augenblicks, in dem sich eine Chance auftut. Das kann jener Zeitpunkt sein, in dem bei einem Deal ein Machtwechsel eintritt, oder der Augenblick, in dem ein Konkurrent einen fatalen Fehler begeht. Ob Wochen und Monate oder nur Sekunden – Branson ist unschlagbar darin, solche Zeitpunkte zu erkennen und sie zu seinem Vorteil zu nutzen.

Im Fall von British Airways und der Affäre der schmutzigen Tricks kam der entscheidende Augenblick, als die Medienmaschine von British Airways ausstreute, daß Branson BA nur deshalb bezichtigte, um „Publicity für seine Airline zu erzeugen". Dieser Fehler gab den Rechtsanwälten von

Branson das, was sie brauchten, um BA und ihren Vorsitzenden Lord King wegen übler Nachrede zu klagen. Bis dahin hatte Virgin nur wenig zu seinem Schutz tun können, außer die Aufmerksamkeit der Medien auf das zu lenken, was passierte. In Wirklichkeit waren die Vorwürfe zu komplex, als daß sie von der Öffentlichkeit leicht zu verstehen gewesen wären. Aber sobald der entscheidende Augenblick gekommen war, wandte sich das Blatt.

Branson setzt diese Fähigkeit immer wieder ein. Und so ergriff er bisher jede sich bietende Chance, um günstigere Bedingungen auszuhandeln oder wieder einmal einen Vorteil für Virgin herauszuholen.

Das Timing ist auch für viele seiner PR-Aktivitäten entscheidend. Wie überall nutzt Branson in bewundernswerter Weise auch bei den Medien jede Gelegenheit, die sich ihm bietet. Als sich BA in ihrem eigenen Vorhaben, eine weltweite Fluglinie zu werden, verstrickte, und sich entschloß, die britische Fahne von ihren Uniformen zu eliminieren, konnte Branson wieder einmal eine Story unterbringen. Kaum war die Farbe auf den Flugzeugen von BA trocken, ließ der Patriot Branson die britische Flagge auf den Virgin-Uniformen aufdrucken, und beeilte sich, den Journalisten kundzutun, daß Virgin stolz darauf sei, unter britischer Flagge zu fliegen – wenn BA dies schon nicht für nötig hielte.

With a little Help from my Friends

Es gibt noch etwas, was Richard Branson ausgezeichnet kann: andere dazu überreden, sich an seinen Projekten zu beteiligen. Ob bei den Mitarbeitern von Virgin oder bei den Partnerorganisationen - Bransons Begeisterung ist ansteckend. In den letzten Jahren bewirkte die Glaubwürdigkeit der Marke Virgin auch, daß Branson zu einem Magnet für Geschäftsvorschläge anderer Organisationen wurde.

Virgin Cola entstand zum Beispiel aus einem Rezept für Qualitätscola, das eine Firma namens Cott Europe, die Supermärkte mit Eigenmarken-Cola belieferte, an Branson herantrug. Als Virgin in die Computerbranche ging, wagte es diesen Vorstoß in einer Partnerschaft mit ICL. Als es sich in den US-Einzelhandelsmarkt wagte, tat es sich mit Blockbuster zusammen. Virgin Vodka wird von dem traditionsreichen Spirituosenerzeuger William Grant hergestellt. Das ursprüngliche Basiswissen für Virgin Direct, die Finanzdienstleistungsgesellschaft von Virgin, kam von Norwich Union, einer führenden britischen Versicherungsgesellschaft, und danach von Australian Mutual Provincial (AMP).

Das erklärt zum Teil, warum die Virgin-Gesellschaften so schnell auf die Beine kommen. Der enorme Vorteil, einen Partner zu haben, der sich in dem Geschäft bereits auskennt, liegt darin, daß die Eintrittsbarrieren längst nicht so hoch sind wie behauptet, und daß Fachwissen auf Abruf parat ist. Sobald das Produkt oder die Dienstleistung feststeht – anfangs meist mit einem einzigen Angebot – geht die Hauptstoßrichtung dahin, die richtige Botschaft für die Konsumenten zu finden und das Ganze mit dem wichtigen witzigen Virgin-Dreh aufzupeppen.

Die Attraktivität der Marke Virgin ist so groß, daß Branson in den letzten Jahren auch Risiken mit dem Geld anderer Leute – in manchen Fällen statt seines eigenen – eingehen konnte. Aber, wie eine Geschichte aus seiner Kindheit zeigt, verstand er es immer schon, das Eigentum anderer für seine eigenen Abenteuer zu nutzen.

Die Freundschaft zwischen Branson und seinem Schulfreund und langjährigen Geschäftspartner Nik Powell zeigt ein in Bransons Leben immer wiederkehrendes Muster. So beschlossen die beiden einmal, Niks neues Fahrrad „einzuweihen", indem sie wie die Verrückten einen Abhang zu einem nahe gelegenen Fluß hin hinunterrasten. Ziel des

Ganzen war festzustellen, wer am nächsten an den Fluß herankäme, ohne ins Wasser zu fallen. Der kleine Nik schlitterte auf das Ufer zu und schaffte es, ein paar Meter vor dem Wasser zum Stehen zu kommen. Dann war Richard an der Reihe. Mit großer Begeisterung stürzte er sich den Abhang hinunter und landete direkt im Fluß. Nik mußte ihn mit einem Holzstecken herausfischen. Das Fahrrad verschwand jedoch für immer in den Fluten, und Bransons Eltern mußten Nik ein neues kaufen. [2]

Das einzige und letzte ...

Branson läßt sich von neuen Ideen beflügeln und macht sie mit atemberaubender Geschwindigkeit zu einem Geschäft. Der Nachteil für die Mitarbeiter von Virgin besteht darin, daß ihr illustrer Chef ständig umsattelt.

„Richard Branson ist ziemlich sprunghaft", sagt ein Mitarbeiter von Virgin. Wer Bransons Überzeugung erwähnt, daß er imstande sei, ein chancenreiches Produkt ohne Marktstudie zu erkennen, wird von Bransons Leuten auf VSO hingewiesen – Virgin's Sample of One – Bransons neuestes verrücktes Vorhaben, das aller Wahrscheinlichkeit nach zum Scheitern verurteilt ist: das einzige und letzte seiner Art.

Manche von Bransons Projekten waren von vornherein zum Scheitern verurteilt. Vansom zum Beispiel, die Immobiliengesellschaft, die er 1983 aufbaute, kostete ihn aufgrund der fehlgeleiteten Investitionen 12 Millionen Pfund. Das 1981 gegründete Magazin *Event* entpuppte sich als Non-Event.

„*Richard Branson sattelt ständig um.*"

Schneller als der Blitz

Wenn es etwas gibt, das Richard Bransons Verachtung für die „Herren im Nadelstreif" wirklich rechtfertigt, dann ist es deren lahme Reaktionsgeschwindigkeit. Managementgurus können es nicht fassen, daß es ein großes Unternehmen gibt, das rasch reagiert. Er entscheidet sich blitzschnell. Ausschüsse, wie man sie aus anderen Unternehmen kennt, gibt es bei Virgin so gut wie nicht. Welche Lektionen können Führungskräfte daraus ziehen?

◆ ***Nicht alles zerreden.*** *Das Tempo, das Branson von sich und anderen erwartet, ist oft atemberaubend.*

◆ ***Nicht lange fackeln.*** *Branson glaubt nicht an Marktstudien. Er traut lieber seinem instinktiven Gefühl für das, was die Konsumenten wollen. Was das ist, weiß er aus Gesprächen mit ihnen.*

◆ ***Die Entscheidungsprozesse beschleunigen.*** *Timing ist für Bransons Erfolg maßgebend. Er ist ein Meister des entscheidenden Augenblicks – des Augenblicks, in dem sich eine Chance auftut.*

◆ ***Sich von anderen helfen lassen.*** *Branson ist besonders gut darin, andere dazu zu bringen, sich an seinen Projekten zu beteiligen. Ob es sich um Mitarbeiter von Virgin oder von Partnerorganisationen handelt – Bransons Begeisterung ist ansteckend.*

◆ ***Sich nicht vor Fehlern fürchten – Fehler sind die einzige Möglichkeit zu lernen.*** *Branson läßt sich von neuen Ideen anspornen und macht sie mit atemberaubender Geschwindigkeit zu einem Geschäft. Der Nachteil für die Mitarbeiter von Virgin besteht darin, daß ihr illustrer Chef ständig umsattelt.*

Aber Branson nimmt solche Rückschläge unbeeindruckt hin. Für ihn sind sie Teil seines Lebens als Unternehmer. „Wer nie einen Fehler begangen hat, hat noch nie etwas zustande gebracht hat", ist er überzeugt.

Nach Aussage eines Werbemanagers, der ihn gut kennt, hat Branson gut 100 Unternehmen auf dem Gewissen. Er muß einfach ausprobieren, ob etwas funktioniert oder nicht. Man lernt nur durch Versuch und Irrtum. Branson selbst drückt es positiver aus: „Man sollte nicht lange zögern und aus seinen Fehlern lernen", sagt er. „Ich liebe das, was ich tue, weil ich jeden Tag etwas dazulerne."

Branson über Risiken:
„Fang einfach an und lerne aus deinen Fehlern."

Anmerkungen

1 *Inc. Magazin*, November 1987

2 Brown, Mick, „Richard Branson: The Authorized Biography", Headline 1998

Die Größe zählt

*Jedesmal, wenn eine unserer Firmen zu groß wird, gründen wir
eine neue. Kleine Einheiten sind persönlicher.*

Richard Branson

Während die meisten Unternehmen gebannt auf die Größe der anderen starren, versucht Richard Branson, Virgin überschaubar zu halten. Die Virgin Group ist deshalb so effektiv, weil sie den Unternehmergeist ihrer Leute optimal nutzt und gleichzeitig die Administration auf ein Minimum beschränkt. Virgin ist kein traditionelles hierarchisches Unternehmen, sondern eine Ansammlung von lose miteinander verbundenen Firmen, die alle ihre eigenen Büros und ihre eigenen Managementteams haben.

Branson erklärt: „Jedesmal, wenn eine unserer Firmen zu groß wird, gründen wir eine neue. Kleine Einheiten sind persönlicher. Und so bleiben jene Leute bei uns, die wirklich zählen."

Wenn man versuchte, ein Unternehmen so zu strukturieren, daß möglichst viele Mitarbeiter in möglichst engem Kontakt mit ihren Kunden stehen, dann müßte ein Unternehmen herauskommen, das Virgin sehr ähnlich ist. Wieder tut Branson instinktiv etwas, für dessen Formulierung die Professoren der Business Schools viele Jahre gebraucht haben.[1]

Überlegter Einstieg

Branson baut, er kauft nicht. Das charakterisiert ihn als eine besondere Art von Unternehmensleiter. Wo andere Tycoons Imperien aufbauten, indem sie kleinere Imperien schluckten, hat Branson das seine selbst vergrößert.[2] „Wir investieren nicht in Grundstücke oder expandieren, indem wir andere große Unternehmen kaufen", sagt er. „Meine Stärke liegt in der Unternehmensgründung."

In den letzten Jahren erwies sich Virgin auch als äußerst geschickt darin, Joint-ventures und andere Kooperationen einzugehen. Das versetzte Branson in die Lage, mit der Marke Virgin und dem charakteristischen Virgin-Angebot in komplexe Märkte hineinzugehen, ohne von Null beginnen zu müssen. Ein gutes Beispiel ist das 50:50-Joint-venture mit Norwich Union, einer der führenden britischen Finanzdienstleistungsgesellschaften (an deren Stelle später Australian Mutual Provident trat)[3]. Die Partnerschaft ermöglichte es Virgin, Finanzprodukte einschließlich komplexer Pensionspläne sowie Investmentpakete anzubieten, ohne sich das ganze dazu erforderliche Fachwissen ins Haus holen zu müssen.

Die Zugkraft des Namens Virgin ist so stark, daß andere Unternehmen nur allzu gern mit dem Unternehmen zusammenarbeiten. In letzter Zeit sagt Branson oft, daß die Fähigkeit, effektive Joint-ventures zu initiieren und zu führen, eine von Virgins Kernkompetenzen ist.

Branson verbringt einen Großteil seiner Zeit damit, sich potentielle neue Geschäftszweige anzusehen. Als menschlicher Schrittmacher im Herzen des Virgin-Imperiums heckt er ständig neue Projekte aus, die entweder gedeihen oder einfach wieder von der Bildfläche verschwinden. Branson und sein zweiköpfiges Unternehmensentwicklungsteam nehmen jede Woche etwa 50 Geschäftsideen unter die Lupe, immer etwa vier gleichzeitig.[4]

Sobald ein vielversprechendes Projekt gefunden ist, erweist sich Virgin als außergewöhnlich gut darin, die Sache schnell zu verwirklichen. Oft ist es schon nach ein paar Monaten soweit. Obwohl Branson selbst so viel gesunden Menschenverstand hat, sich mit fähigen Leuten zu umgeben und diesen freie Hand zu lassen, gewinnt doch oft der Abenteurer in ihm. Und wenn es um Promotion geht, hat nichts eine solche Werbekraft wie ein Branson-Auftritt bei der Markteinführung eines neuen Virgin-Unternehmens.

Branson selbst gibt zu, daß es seine große Liebe und seine Hauptbeschäftigung ist, neue Firmen zu gründen. „Ich konzentriere mich drei Monate lang auf sie, und dann ziehe ich mich zurück", sagt er. „Danach sage ich den Leuten, daß sie damit rechnen müssen, mich nur ein- oder zweimal im Jahr zu sehen. Wenn Virgin eine Kernkompetenz hat, dann ist es diese Fähigkeit zu delegieren."[5]

Die Ausnahme von der Regel ist Virgin Atlantic, das den Löwenanteil von Bransons Aufmerksamkeit in Anspruch nimmt. Seit Virgin Music 1992 an Thorn EMI verkauft wurde, ist die Airline das Juwel in der Krone von Virgin.

Das einfache Leben

Bransons ständiges Angeln neuer Geschäftsprojekte bewirkt, daß die Virgin-Gruppe ein eng verflochtenes und sich ständig entwickelndes Netz von neu gegründeten Unternehmen, Joint-ventures und Partnerschaften ist. Wie ein zu üppig wuchernder Garten kann ein so komplexes und organisches Imperium leicht überzüchtet werden, aber Bransons wird sich trotz seines Unternehmergeistes nie selbst überschätzen. Ein wichtiger Teil von Bransons Geschäftsphilosophie besteht darin, alles möglichst einfach zu halten – ein Wert, den er personifiziert.

Bransons Leben ist erstaunlich einfach. Er lebt mit wenig Aufwand und wenig Technologie. Weder kann er tippen noch verwendet er einen

„Branson arbeitet immer so, als stünde er ganz am Anfang."

Computer, und sein erstes Mobiltelefon legte er sich erst 1993 zu. Wenn es ein Motto gibt, das für Branson charakteristisch ist, dann „Keep it simple".

„Branson arbeitet immer so, als stünde er ganz am Anfang", stellte das Magazin *Forbes* fest. „Es gibt bei ihm keine Fließdiagramme, keine traditionellen Managementhierarchien. Er weiß nicht einmal, wie man ein ThinkPad einschaltet, und assoziiert Lotus mit einem schnellen Auto und nicht mit Notes.(...) Er ist ein wandelnder Anachronismus in der Welt der internationalen Business-Magnaten, trägt seine Termine in einen Kalender ein und kritzelt seine Ideen auf seinen Handrücken. Doch das scheint zu funktionieren."[6]

Branson trägt ein Notizbuch bei sich, das er in einem Schreibwarengeschäft gekauft hat. In diesem Notizbuch hält er seine Ideen fest, macht sich Notizen über Gespräche und Listen der zu erledigenden Dinge. (Die Virgin-Mitarbeiter bewundern ihn so sehr, daß sie ebenfalls in kleine Bücher kritzeln.)

Das Prinzip des Einfachen gilt auch privat. Sogar beim Essen und Trinken ist sein Geschmack simpel. Ein Geschäftsfreund, der bei Branson zum Essen eingeladen war, bemerkte bissig: „Wie Kantinenessen."

Inzwischen ist Necker Island, das zu den British Virgin Islands gehört, offiziell Eigentum des Unternehmens. Dort gibt es einen Weinkeller und ausgezeichnetes Essen, aber eher für Besucher und Führungskräfte von Virgin als für Branson selbst, der wenig Interesse daran hat. Angeblich war er schockiert, als Virgin-Führungskräfte für Weinverkostungen in Restaurants zahlen wollten, denn er hält sich an die Regel, pro Flasche nie mehr als 15 Pfund auszugeben. Branson scheint von den Kosten des täglichen Lebens nicht viel Ahnung zu haben, und seine Frau Joan ist dafür bekannt, daß sie jede Angeberei haßt.

Trotz seines ungeheuren persönlichen Reichtums kleidet sich Branson wie jemand, der über weit bescheidenere

Mittel verfügt. Über sein Stilgefühl wurde gesagt, er sehe aus, als nehme er die Kleider, die er trägt, im Dunkeln nach dem Zufallsprinzip aus dem Schrank. Am liebsten trägt er abgetragene braune Schuhe, die aussehen, als wären sie bei Woolworth im Sonderangebot. Solche Dinge sind für ihn eben nicht wichtig.

Das zergliederte Imperium

Für die Art, wie Branson sein Firmenimperium organisiert, gelten mehr oder weniger dieselben Prinzipien. Um administrativen Aufwand zu vermeiden, ist die ganze Virgin-Gruppe in überschaubare Einheiten aufgeteilt. Aus Gründen der Maximierung der unternehmerischen Energie und um zu verhindern, daß Verluste in einem Teil des Imperiums auf andere Teile übergreifen, wird Wert darauf gelegt, daß jedes Virgin-Unternehmen eine eigenständige Firma ist (obwohl in der Praxis der von einem Unternehmen erzielte Gewinn oft zur Finanzierung anderer Projekte verwendet wird). Das spiegelt sich in der Struktur der Gruppe wider.

Branson über das atomisierte Virgin-Imperium:

„Wo wir eine Geschäftschance oder eine Marktlücke sehen, eröffnen wir eine neue Abteilung. Jedesal, wenn eine Firma zu groß wird, gründen wir eine neue."

Branson lehnt die starren Strukturen der westlichen Unternehmen ab. Er bevorzugt eine lose Gruppierung von Firmen, die eher dem japanischen Keiretsu-Modell oder einer Unternehmensfamilie entspricht: Virgin ist eine Ansammlung halb eigenständiger, lose miteinander verbundener Imperien.[7] „Das Unternehmen", so Branson, „definiert sich durch seine Bestandteile." Jeder Teil ist in einem anderen Gebäude untergebracht, und es wird darauf geachtet, daß jede Firma die Merkmale eines eigenständigen Kleinunternehmens beibehält.

Virgin ist außergewöhnlich stark dezentralisiert. Die Kontrolle ist in Lizenzverträgen festgelegt. (Bransons Interessen sind dadurch geschützt, daß er fast überall einen Anteil von 50 Prozent oder noch mehr hält.) Die Unternehmen werden als unabhängige Firmen mit eigenen Vorständen und Geschäftsleitern geführt.

Die Virgin-Firmen sind je nach Geschäftsfeld zu Gruppen, „divisions", zusammengefaßt. So gehören zur Reisedivision zwei Airlines, ein Luftfahrt-Serviceunternehmen und ein Reisebüro. Der Markenwodka von Virgin und Virgin Cola gehören zur Handelsgruppe. Die Unterhaltungsgruppe besteht aus Kinos, Musik-Megastores, einer Plattenfirma und Filmanteilen. Von der Finanzdienstleistungsgruppe werden Renten und Investmentpläne verkauft.

„Wo wir eine Geschäftschance oder eine Marktlücke sehen, eröffnen wir eine neue ‚division'. Jedesmal, wenn eine Firma zu groß wird, gründen wir eine neue", sagt Branson. Dadurch ist eine gemütliche, informelle Atmosphäre gewährleistet. Als Faustregel gilt, daß es Zeit ist, ein Unternehmen aufzugliedern, wenn es so groß ist, daß die Leute einander nicht mehr bei ihren Vornamen kennen. „Normalerweise arbeiten in einem Gebäude nie mehr als sechzig Leute", erklärt Branson.

Zentrale im Hausboot

Lange bevor die Konzernzentralen bei den Managementgurus in Mißkredit gerieten, konnte Branson sie schon nicht leiden. Jahrelang führte er das Virgin-Imperium von einem Hausboot auf der Themse aus: Vorstandssitzungen wurden an Bransons Küchentisch oder in einem nahe gelegenen Pub abgehalten. Als das Hausboot sank und mit ihm der Großteil von Bransons Besitztümern, mußte er etwas anderes finden. Aber nicht einmal dann war er bereit, ein konventionelles Büro zu beziehen. Er kaufte zunächst ein Haus und dann eine ganze Häuserzeile im trendigen Londoner Stadtteil Holland Park. In den einzelnen Häusern waren verschiedene Virgin-Firmen untergebracht, und die Gebäude verliehen den Firmen Identität und gewährleisteten den einzelnen Managementteams Selbständigkeit. Eine Zeitlang führte Branson das Unternehmen von einem Zimmer in einem der Häuser aus, in dem er auch wohnte. Mittlerweile hat er ein Büro an einer anderen Adresse in Holland Park, ein paar Straßen von seinem Wohnhaus entfernt.

Ein Journalist beschrieb die Schaltzentrale von Virgin so: „Das Haus ist zweifellos groß (cremefarbene Wände, weiße Stuckdecken und die riesigen Proportionen, die für die Häuser der Reichen in West London typisch sind), hat aber nichts von einer modernen Unternehmenszentrale an sich.“[8]

Selbst heute ist die Vorstellung, das Unternehmen in einem Büroturm unterzubringen, mit Bransons Philosophie nicht zu vereinbaren. Die einzelnen Virgin-Firmen werden immer noch von verstreuten Häusern in Holland Park aus geleitet.[9]

Gute Ideen stets willkommen

Das Motto „Das ist nicht unser Spezialgebiet" ist die Crux vieler Firmen. Das Prinzip von Virgin ist hingegen, offen für jede neue Idee zu sein, woher sie auch kommen mag. Richard Branson hat das Zuhören zu seiner Firmenpolitik gemacht. Und jeder

> „In dem scheinbaren Chaos der Virgin-Organisation läßt sich eine Geschäfts-philosophie – fast eine unternehmerische Blaupause – erkennen."

weiß, daß das Unternehmen die Geschäftsideen potentieller Partner tatsächlich prüft. Allerdings lehnt Virgin etwa 95 Prozent aller Vorschläge ab und konzentriert sich auf die mit ernsthaftem Hintergrund. Branson steht an der Spitze eines dreiköpfigen Teams (einschließlich seiner eigenen Person und der eines erfahrenen Risikokapitalexperten), das gemeinsam über diese Vorschläge entscheidet.

Die Größe zählt

Die Virgin Group ist deshalb so effektiv, weil sie den Unternehmergeist ihrer Leute optimal nutzt und gleichzeitig den administrativen Aufwand auf ein Minimum beschränkt. Virgin ist nicht nach traditionellen Hierarchien aufgebaut, sondern eine Ansammlung von lose miteinander verbundenen Firmen, die alle ihre eigenen Büros und ihre eigenen Managementteams haben. Bransons Ansatz zur Unternehmensstruktur basiert auf fünf Grundsätzen:

◆ *Die Größe selbst bestimmen. Branson kauft nicht, er baut selbst auf. Das macht ihn zu einem Wirtschaftskapitän der besonderen Art. Wo andere Tycoons riesige Imperien schaffen, indem sie kleinere Firmen schlucken, entwickelt Branson seine Unternehmen selbst.*

◆ *Einfach bleiben. Bransons Privatleben ist bemerkenswert unkompliziert. Diese Einfachheit charakterisiert auch seine Geschäftsphilosophie.*

◆ *Alles in Einzelteile zergliedern. Um die unternehmerische Energie zu maximieren und um zu verhindern, daß Verluste in einem Teil des Imperiums auf andere Teile übergreifen, wird jedes Virgin-Unterfangen als eigenständige Firma konzipiert.*

- ◆ *Je kleiner die Zentrale, desto besser. Branson konnte der Idee von riesigen Headquarters nichts abgewinnen, lange bevor sie die Gunst der Managementgurus verloren.*
- ◆ **Die Summe der Teile muß mehr sein als das Ganze.** *Richard Branson hat das Zuhören zur Firmenpolitik gemacht. Und jeder weiß, daß Virgin Geschäftsideen potentieller Partner unter die Lupe nimmt.*

Branson hat die Mitarbeiter von Virgin seit jeher ermutigt, Vorschläge zur Verbesserung des Unternehmens einzubringen, und er schätzt, daß er von seinen Leuten täglich 30 bis 40 Briefe erhält. Er versucht, diese Briefe als erstes zu beantworten. Überhaupt ist die ganze Struktur des Unternehmens ist so gestaltet, daß unternehmerisches Verhalten gefördert und ein Gefühl der Zugehörigkeit erzeugt wird.

Wie Bransons Biograph Mick Brown sagt: „In dem scheinbaren Chaos der Virgin-Organisation läßt sich eine Geschäftsphilosophie – fast eine unternehmerische Blaupause – erkennen. Indem jedes Unternehmen in einem eigenen Gebäude – so klein und unscheinbar es auch sein mag – untergebracht wird, werden die Gemeinkosten minimal gehalten. Noch wichtiger aber ist, daß unter den Mitarbeitern eine familiäre Atmosphäre herrscht."

Anmerkungen

1   Vor allem der Managementguru Tom Peters lobt die Bemühungen von Unternehmen wie ABB, dem schwedisch-schweizerischen Technikkonzern, sich in kleine Unternehmenseinheiten aufzugliedern.

2   Mitte der achtziger Jahre hatte er einen Anfall von Übernahmemanie, aber der war nur von kurzer Dauer. Das Angebot von Virgin für eine feindliche Übernahme von EMI wurde vom Börsen-Crash des Jahres 1987 zunichte gemacht.

3   AMP kaufte in der Folge den Anteil von Norwich Union an dem Unternehmen.

4   Campbell, Andrew und Sadtler, David, „Corporate Breakups", *Strategy & Business,* 3/1998

5   Rodgers, Paul, „The Branson Phenomenon", *Enterprise Magazine,* März/April 1997

6   „Richard Branson: the interview", *Forbes,* 24. Februar 1997

7   Mitchell, Alan, „Leadership by Richard Branson", *Amrop* International, 1995

8   „Has he won the lottery?" *The Independent,* 17. Dezember 1995

9   Campbell, Andrew und Sadtler, David, „Corporate Breakups", *Strategy & Business,* 3/1998

Natürlich bleiben

Er ist so zugänglich geblieben – ganz anders als ein Popstar oder andere erfolgreiche Geschäftsmänner.

Mick Brown, Bransons Biograph

Richard Bransons wertvollste Eigenschaft ist seine Zugänglichkeit. Er gibt den Menschen das Gefühl, einer der Ihren zu sein. In vielerlei Hinsicht ist diese Lektion die am schwersten zu lernende. Wer in Richard Bransons Fußstapfen treten will, muß sich diese Fähigkeit aneignen, denn sonst nützen alle anderen Lektionen nichts. Mit seiner Fähigkeit, sich mit Menschen von verschiedenster Herkunft und unterschiedlichstem Stand zu verständigen, unterscheidet sich Branson von fast allen anderen Unternehmern. Das ist mehr als Bescheidenheit. Diese Gabe ist der Schlüssel zu seinem dauerhaften Erfolg und zu seiner Popularität.

Wer ihn gut kennt, sagt, daß Branson die Dinge immer vom Standpunkt des Konsumenten aus betrachtet. Das ist nicht schwer, wenn man am Anfang steht. Aber dreißig Jahre später, wenn man Multimillionär und Boß einer milliardenschweren Firmengruppe ist? Dann ist diese Einstellung beeindruckend. Kein Zweifel, Branson steht im Kontakt mit den Menschen. Wie macht er das?

„Ich habe eben Glück", sagt er. (Glück ist ein Wort, das bei ihm oft vorkommt.) „Ich kann mit den Leuten reden. Als ich als Teenager nach London kam, war ich furchtbar einsam. Nun sprechen mich die Leute auf der Straße oder in der Untergrundbahn an. Ich habe Glück, daß mich alle kennen."[1]

Hallo, ich bin's, der Boß

Jedesmal, wenn er in einer Maschine seiner Airline fliegt, was etwa einmal pro Woche vorkommt, nimmt Branson sich die Zeit, sich mit den anderen Passagieren zu unterhalten. Oft macht er daraus einen Jux-Auftritt, indem er in die Uniform einer Stewardeß schlüpft und Lippenstift auflegt. Dann serviert er den Fluggästen und der Crew Drinks. Aber manchmal plaudert er einfach mit seinen Kunden und fragt sie, was sie von seinem Unternehmen halten. Das hat eine unglaubliche Wirkung.

Stellen Sie vor, Sie fliegen mit Ihrer Familie in der Economy Class einer großen Airline nach Amerika. Irgendwann während des Flugs stellt sich Ihnen ein Mann vor, den Sie sofort als Vorsitzenden der Airline identifizieren, und fragt Sie höflich, ob er sich zu Ihnen setzen darf. Dann macht er ein paar hinreißende Kunststücke, um die Kinder zum Lachen zu bringen, bevor er Notizblock und einen Stift aus der Tasche zieht. „Was halten Sie von dieser Fluglinie?" fragt er und notiert Ihre Bemerkungen. „Gibt es irgend etwas, was ich tun kann, um den Service zu verbessern?"

Wie viele Manager von Airlines – geschweige denn Geschäftsführer oder Eigentümer – gibt es, die sich die Zeit nehmen, mit ihren Kunden so zu sprechen? Dabei wissen wir alle, daß sie oft mit ihren Fluglinien unterwegs sein müssen, gerade so wie Branson. Der Unterschied besteht darin, daß er die Gelegenheit ergreift, seinen Kunden zuzuhören, während sich die anderen für viel zu wichtig halten, um mit gewöhnlichen Pagieren der Economy Class zu sprechen. (Die Crew einer bekannten Airline bezeichnet die Economy Class inoffiziell übrigens als Schweinestall.)

Als Branson Virgin Atlantic gründete, rief er persönlich fünfzig Kunden im Monat an, um sie zu fragen, was sie von dem Service hielten. Das brachte ihm ziemlich viel Respekt ein. Denn abgesehen vom besseren Service und den günstigeren Preisen, schaffte er es eben auch noch, einen persönlichen Touch hineinzubringen. Wie ein Beobachter schrieb: „Das stand in starkem Kontrast zu dem monopolistischen Monolithen British Airways, die zum damaligen Zeitpunkt mit Sicherheit nicht die beliebteste Airline der Welt war."[2]

Selbst wenn man das Ganze zynisch betrachtet und sagt, Branson tue diese Dinge nur der Wirkung wegen, tut man sich schwer, nicht beeindruckt zu sein, wenn der Vorsitzende eines großen Unternehmens sich die Mühe macht, einen über seine Meinung zu seiner Airline zu befragen.

Das ist also der Unterschied zwischen Richard Branson und 99,9 Prozent der Unternehmer: Er behandelt die Menschen respektvoll und hört auf ihre Meinung. Erstaunlich genug, daß das schon reicht, um ihn meilenweit vor die meisten seiner Konkurrenten zu katapultieren.

Ein Mensch wie du und ich

Branson hat so etwas Stinknormales an sich. Aus unerfindlichen Gründen identifizieren sich die Menschen mit ihm und finden, er ist wie sie. In Großbritannien hört man die Leute sogar sagen, er sei eben der „Londoner Gassenjunge, der es zu etwas gebracht hat". Dabei ist er viele Meilen vom Londoner East End aufgewachsen. Trotz seiner Erziehung in einer Private School, seinem Oberklasseakzent, seiner teuren Häuser überall in der Welt, seines immensen Reichtums und seiner Macht akzeptieren ihn die gewöhnlichen Leute aus irgendeinem eigenartigen Grund als einen der Ihren. (Prinzessin Diana hatte eine ähnliche Gabe, den Menschen das Gefühl zu geben, sie sei eine von ihnen und nicht eine von den anderen.)

Der Mann ist einfach sympathisch, das ist alles.

Mick Brown über Branson:

„Er macht es nicht absichtlich, aber es ist eine Tatsache, daß seine Persönlichkeit seine Herkunft verbirgt."

Es heißt, seine Frau Joan sorgt dafür, daß er mit beiden Füßen fest auf dem Boden bleibt. Seine Bescheidenheit verhilft ihm zu der unkomplizierten Art, mit der er sowohl Klassenschranken als auch Landesgrenzen überwindet.

„Er macht es nicht absichtlich", sagt Mick Brown, Bransons offizieller Biograph, „aber es ist eine Tatsache, daß seine Persönlichkeit seine Herkunft verbirgt. Die Leute betrachten ihn als einen ebenbürtigen, klassenlosen Menschen, der es aus eigener Kraft zu etwas gebracht hat. Das macht ihn überaus attraktiv, noch dazu mit seinem geschäftlichen Erfolg und seinem Image als Freibeuter. Und außerdem ist er sehr zugänglich, nicht wie ein Popstar oder andere erfolgreiche Geschäftsmänner."

Eine Studie*, die im Mai 1993 kurz nach dem Vergleich mit BA durchgeführt wurde, ergab, daß Branson das Idol war, dem die meisten jungen Briten nacheifern wollten. Er wurde fast auf den Status eines Nationalhelden emporgehoben. Der Psychologe, der die Ergebnisse analysierte, meinte, „Branson zeichnet sich durch einen F-Faktor aus: Fame, Fortune und Fun." Diese Kombination ist den Menschen einfach sympathisch.

Außerdem sehen sie sich gern selbst in ihm. Seine Leistungen sind irgendwie die ihren, und sie lieben ihn dafür. Wir sehen ihn die Dinge tun, die wir selbst gern tun würden. Wie ein Interviewer sagte: „Das sind die Bilder, die wir von Richard Branson vor Augen haben: Branson in besonderen Augenblicken, wie er Champagner verspritzt wie ein Student, der die letzte Prüfung bestanden hat; wie er sich um

---

* „Ruhm, Geld und Spaß"

den Betrieb der Lotterie bewirbt und wie Robin Hood verspricht, keinen Gewinn daraus ziehen zu wollen; wie er die mächtige British Airways mit allen ihren schmutzigen Tricks besiegt; ein David gegen einen bulligen Goliath; mit Fliegerbrille, ein Biggles unserer Zeit; wie er ein Band durchschneidet; wie er ein Model umarmt; wie er eine Prinzessin umarmt; wie er Scary Spice umarmt. Richard, als Frau verkleidet, Richard als Häschen und als Clown.“[3]

Die kleinen Dinge zählen

Ein Student, der eine Zeitlang in einer Firma arbeitete, die Fahrten im Heißluftballon über den Schweizer Alpen anbot, erinnert sich an ein Zusammentreffen mit Richard Branson. Branson war dort mit dem Flieger Per Lindstrand, um sich auf einen der Versuche vorzubereiten, den Globus in einem Ballon zu umrunden. Es war früh am Morgen, und die Temperatur lag viele Grade unter null. Der Student, der den Ballon für einen Flug vorbereitete, war durchgefroren bis auf die Knochen. Als sich die beiden Piloten näherten, erkannte er Branson – er hatte ihn auf Fotos und im Fernsehen gesehen.
Sofort streifte der Student seinen Handschuh ab, um dem Boß von Virgin die Hand zu geben. Das bereute er sofort, weil es so schneidend kalt war. Branson, der gesehen hatte, was der junge Mann tat, zog selbst den Handschuh aus, bevor er ihm die Hand schüttelte. Das hätte er nicht tun müssen. Schließlich ist er Herr über ein riesiges Firmenimperium, er kannte den jungen Mann nicht und er würde ihn wahrscheinlich nie wieder sehen. Bis zu diesem Augenblick war der junge Mann kein Fan von Richard Branson gewesen. In seinen Augen war er nur irgendein Big Boß, der zufällig lieber Jeans trug als Nadelstreifanzüge. Aber er behielt in Erinnerung, daß Branson ihn wie einen Ebenbürtigen begrüßte.

Branson weiß, wie wichtig die kleinen Dinge sind. Das spiegelt sich in allen Produkten und Dienstleistungen von Virgin wider.

Es waren keine Kameras da, die das hätten festhalten können. Die Geschichte ist für sich selbst betrachtet so aufschlußreich wie kein Interview der Welt. Man kann daraus schließen, daß Branson einfach ein netter Mensch ist; daß er kein Angeber ist und nicht überheblich. Sie zeigt aber auch etwas von seinem persönlichen Stil. Branson weiß, wie wichtig die kleinen Dinge sind. Das spiegelt sich in allen Produkten und Dienstleistungen von Virgin wider.

Liebling der Leute

Branson hat etwas, wovon andere – vor allem Geschäftsleute, Politiker und Fernsehproduzenten – nur träumen können: Er weiß, wie die Herzen seiner Landsleute schlagen. Er scheint für einen großen Teil der Bevölkerung zu sprechen. Obwohl er sich jederzeit die Concorde mitsamt rotem Teppich leisten hätte können, spürte er, daß die Leute die Nase voll von den großen Fluglinien hatten. Er hatte recht, glücklicherweise, denn Virgin Atlantic hätte ihn um ein Haar in den Ruin getrieben. Obwohl seine eigenen Millionen sicher in steuerschonenden ausländischen Trusts geparkt sind, erfaßte er richtigerweise, daß die Menschen, die ein wenig Geld auf der hohen Kante hatten, die aggressiven Verkaufstaktiken und die hohen Gebühren britischer Finanzdienstleistungsanbieter nicht ausstehen konnten. Irgendwie wußte er, daß sie bereit waren, ihr hart verdientes Geld Virgin anzuvertrauen.

Zyniker werden sagen, daß Branson eben gute Berater hat. Aber warum sollten diese Berater mehr über das wissen, was die Konsumenten ärgert, als ihre Kollegen, die die Führungskräfte anderer Unternehmen beraten? Auch wenn seine Berater tatsächlich gut sind, ist der Schluß unumgänglich, daß Branson selbst ein gutes Gespür für die öffentliche Meinung hat, das seine Entscheidungen beeinflußt.

Natürlich sagt auch Branson, daß er mit den Leuten spricht und auf ihre Meinungen und Ideen hört. Das muß er auch sagen. Aber man braucht kein Genie zu sein, um zu erkennen, daß etwas abfärben muß, wenn man so viel Zeit für die Kunden aufwendet, wie er das tut. Wer Richard Branson angreift oder seine Aufrichtigkeit anzweifelt, sollte folgendes bedenken: Selbst wenn alles nur Spiegelfechterei wäre, um ihn gut dastehen zu lassen, würde es immer noch bedeuten, daß er mehr Zeit in die Gespräche mit Konsumenten investiert als irgendein anderer Unternehmer. Und das allein reicht schon aus, um ihn zum Liebling der Leute zu machen.

Das Karma-Chamäleon

Das Phänomen Branson ist so gut wie einzigartig. Es besteht in einer außergewöhnlichen Mischung von Persönlichkeitskult und Geschäftsinstinkt. Es ist auch erstaunlich positiv. Bransons Anziehungskraft besteht möglicherweise darin, daß er für verschiedene Leute Verschiedenes ist. Ob man ihn nun als Hippie-Idealisten mit der Mission sieht, in der Wirtschaft aufzuräumen, als liebenswerten Piraten, als Peter Pan der Geschäftswelt oder auch als heimlichen Räuberbaron, hängt vom jeweiligen Standpunkt ab. Nicht zu leugnen ist, daß er die britische Wirtschaft nun schon seit zwei Jahr-

Bransons Anziehungskraft besteht möglicherweise darin, daß er für verschiedene Leute Verschiedenes darstellt.

zehnten so durcheinanderwirbelt, wie dies keinem anderen Unternehmer vor ihm gelungen ist und wahrscheinlich auch nie wieder gelingen wird.

Natürlich bleiben

Die wertvollste Eigenschaft Richard Bransons ist seine Zugänglichkeit. Er gibt den Menschen das Gefühl, einer der Ihren zu sein. In vielerlei Hinsicht ist diese Lektion die am schwersten zu lernende. Branson ist mehr als bescheiden: Seine Fähigkeit, sich mit Menschen verschiedenster Herkunft zu verständigen, unterscheidet ihn von nahezu allen anderen Unternehmern. Diese Gabe ist der Schlüssel zu seinem dauerhaften Erfolg und zu seiner Popularität. Das sind die Lektionen, die Führungskräfte aus seinem Verhalten ziehen können:

◆ *Den Menschen zuhören. Dies ist die am wenigsten verbreitete Managementqualität überhaupt. Der Unterschied zwischen Richard Branson und 99,9 Prozent der anderern Unternehmer besteht darin, daß er die Menschen respektvoll behandelt und ihnen zuhört.*

◆ *Sich den Erfolg nicht zu Kopf steigen lassen. Sinn für Humor ist hilfreich – ebenso, wie sich von seinen Mitarbeitern regelmäßig in den Pool werfen zu lassen. Aus irgendeinem Grund scheint Branson der Liebling aller zu sein. Die Leute scheinen sich mit ihm zu identifizieren, weil sie meinen, er sei wie sie.*

◆ *Die Kunden zu Beratern machen. Der Unternehmer kennt ihre Bedürfnisse besser als die McKinseys und die Bains dieser Welt. Branson weiß, daß die kleinen Dinge zählen. Das schlägt sich in allen Produkten und Dienstleistungen von Virgin nieder.*

- **Alle Menschen als ebenbürtig behandeln.** *Branson wird eher den Leiter eines multinationalen Unternehmens rüde behandeln als den Portier. Er hat ein Talent, von dem andere – vor allem Geschäftsleute, Politiker und Fernsehproduzenten – nur träumen können: Er weiß, wie die Herzen seiner Landsleute schlagen. Er scheint für einen großen Teil der Bevölkerung zu sprechen.*

- **Das sein, was die Leute von einem erwarten, und sie nicht im Stich lassen.** *Vielleicht liegt die Anziehungskraft von Richard Branson darin, daß er für jeden etwas anderes ist. Nicht zu leugnen ist, daß er die britische Wirtschaft nun schon seit zwei Jahrzehnten so durcheinanderwirbelt, wie dies keinem anderen Unternehmer vor ihm gelungen ist und wahrscheinlich auch nie wieder gelingen wird.*

Natürlich stimmt es, daß Branson das Glück hat, in spannenden Zeiten zu leben. Von der gesellschaftlichen Revolution der sechziger Jahre über den Boom der achtziger Jahre bis hin zu den fürsorglicheren Neunzigern stand er mit seiner Marke Virgin bereit, um überall dort, wo die Nadelstreifträger ihre Kundschaft zu verschaukeln versuchten, eine Alternative anzubieten. Dabei hat er ein Vermögen verdient. Aber in diesen fetten Jahren, in denen schamlose Bürokraten einander riesige Geldsummen zuschanzen, weil sie es da und dort nicht so genau nehmen, bietet Branson seinen Kunden gute Ware für ihr gutes Geld.

Doch Richard Bransons Steckbrief bleibt verschwommen. Er ist, wie Boy George, eine der berühmtesten Entdeckungen von Virgin, singt, das ultimative Karma-Chamäleon.

Anmerkungen

1   Mitchell, Alan, „Leadership by Richard Branson", *Amrop* International, 1995

2   Gesponsert von TSB

3   Gerrard, Nicci, „Why do we love Richard Branson?", *The Observer*, 8. Februar 1998

Eine Marke wie Virgin entwickeln

Visionärer Geschäftsmann oder Kultfigur? Richard Branson und seine Marke Virgin sind einzigartig. Kein anderer Unternehmer hat je etwas Ähnliches hervorgebracht. Nur die Zeit wird zeigen, ob Branson eine neues Modell für die Marktwirtschaft im 21. Jahrhundert erfunden hat oder einfach der bessere Geschäftsmann war. Stein der Weisen oder alles schon dagewesen? Es hängt nur von der Sichtweise ab.

Für alle, die in seine Fußstapfen treten wollen, hier eine Zusammenfassung der Geheimnisse seines Erfolgs:

1. Einen Gegner suchen, der größer ist als man selbst

Richard Branson hat es sich zum Ziel gesetzt, den Goliaths der Wirtschaft als David entgegenzutreten. Wo andere Unternehmen angesichts der Marktdominanz der Großen von ihrem Vorhaben Abstand nehmen würden, nimmt Branson den Kampf mit Begeisterung auf und manövriert seine großen Konkurrenten aus.

Das ist seine Strategie:

◆ Das Geschäft zu einem Kreuzzug machen.
◆ Die Piratenflagge hissen.

- Den Underdog spielen.
- Das richtige Schlachtfeld suchen.
- Die Konkurrenz an ihrem wunden Punkt treffen.

2. Do the Hippie, Hippie Shake

Bransons Affinität zu Flower power und der Achtundsechziger-Bewegung ist weniger ein Bekenntnis zu einer festgefügten Gruppe von Prinzipien oder politischen Überzeugungen als ein Gefühl für den Zeitgeist – eine seiner größten Begabungen. Sein alternativer Managementstil hält für aufstrebende Mogule folgende Lektionen bereit:

- Geld ist nicht alles.
- Sich leger kleiden.
- Die Menschen kommen zuerst.
- Die Grenzen zwischen Arbeit und Freizeit verwischen.
- Alles durcheinanderwirbeln (nicht Imitation, sondern Innovation ist gefragt!)

3. Feilschen, feilschen, feilschen: Alles ist verhandelbar

Eines von Bransons weniger bekannten Talenten ist seine knallharte Verhandlungstaktik. Nette Jungs kommen als Letzte ins Ziel, so heißt es. Das gilt aber nicht für Richard Branson. Trotz seines Images als Mr. Nice Guy (oder vielleicht deswegen) schneidet Branson bei seinen Geschäften eigentlich nie schlecht ab. Hinter seinem Charisma und seinem persönlichen Charme verbirgt sich ein berechnender Geschäftsgeist.

Das sind die Lektionen aus Bransons Schule des Verhandelns:

- Nette Jungs kommen als Erste ins Ziel.
- Nein gibt's nicht.

- ◆ Lächeln, aber nicht klein beigeben.
- ◆ Sich von Profis beraten lassen.
- ◆ Sich den Gewinn sichern.

4. Arbeit muß Spaß machen

Arbeit sollte nach Ansicht von Richard Branson Spaß machen. Eine spannende Arbeitsatmosphäre ist das beste Mittel, gute Leute zu motivieren und zu halten; außerdem braucht man ihnen auf diese Weise nicht so viel zu bezahlen.

Im Gegensatz zu den Computergenies Bill Gates und Steve Jobs hat Branson in seinem Leben noch kein revolutionäres Produkt erfunden. Alle Branchen, in denen er erfolgreich war, sind konventionelle Branchen, die außer der Tatsache, daß sie reif für eine Veränderung waren und von Großunternehmen dominiert wurden, wenig gemeinsam hatten. Was weiß Richard Branson also über das Wirtschaftsleben, was anderen, die seit Jahren in den konventionellen Branchen aktiv sind, bislang verborgen blieb?

Die Antwort ist einfach. Branson verfügt über die Fähigkeit, Leute zu motivieren und sie bis an ihre Grenzen gehen zu lassen. Und er verfügt über die bemerkenswerte Fähigkeit, andere zu Leistungen zu motivieren, die sie selbst nie für möglich gehalten hätten. Aus seiner Technik der Menschenführung lassen sich folgende Lektionen ziehen:

- ◆ Spaß muß sein.
- ◆ Die Mitarbeiter an der langen Leine lassen.
- ◆ Für eine informelle Atmosphäre sorgen – alle reden sich mit Vornamen an.
- ◆ Lieber loben als kritisieren.
- ◆ Die Arbeit zum Abenteuer machen.

5. Die Marke pflegen

Eine der Fragen, die über Virgin am häufigsten gestellt wird, lautet, auf wie viele Geschäftsfelder sich eine Marke ausdehnen läßt. Manche Experten meinen, daß Branson ernsthaft eine Verwässerung des Namens Virgin riskiert, indem er ihn auf eine so breite Palette von Produkten und Dienstleistungen aufdruckt. Auf solche Kritik antwortet er stets, daß die Marke unendlich flexibel ist, solange ihre Integrität nicht beschädigt wird.

Folgende Lektionen lassen sich von Branson, dem Markenmeister, lernen:

◆ Eine gute Marke ist reiselustig.
◆ Die Marke läßt sich auf unendlich viele Geschäftsfelder ausdehnen.
◆ Die eigene Marke lieben, ehren und pflegen.
◆ Regeln sind dazu da, gebrochen zu werden.
◆ Eine Prise Salz verbessert den Geschmack.

Das sind die fünf Markenwerte von Virgin:

◆ Gutes Preis-Leistungs-Verhältnis
◆ Qualität
◆ Spaß/Witz
◆ Innovation
◆ Herausforderung

6. Bitte lächeln

Richard Branson ist zu einem wandelnden, sprechenden Logo geworden. McDonald's hat Ronald McDonald, einen zwei Meter großen, rothaarigen Clown, und Disney hat die Mickymaus. Virgin hat seinen exzentrischen Boß. Jedesmal, wenn sein Konterfei in einer Zeitung oder in einem Magazin erscheint, ist das Werbung für Virgin.

Diese Taktik setzt Branson ganz bewußt ein, und sie ist vielleicht eine der wirkungsvollsten Werbestrategien, die je von einem Unternehmen angewendet wurden. Sollte Bransons persönliches Image Schaden nehmen, ist das Risiko, den Ruf der Marke zu schädigen, natürlich entsprechend hoch. Bis jetzt hat sich diese Strategie jedoch als höchst erfolgreich erwiesen, denn sie ermöglicht es ihm, die Marke Virgin mit einem winzigen Werbebudget bekannt zu machen.

◆ Herausfinden, was die Medien wollen, und es ihnen geben.
◆ In Bildern denken.
◆ Sich bemerkbar machen.
◆ Nicht vergessen, daß Markensammeln und Philanthropie nicht dasselbe sind.
◆ Sich von Zeit zu Zeit unsichtbar machen.

7. Kein Schafhirte sein

Die Kreativität unterstützen und die Leute ermutigen, das zu tun, was sie am besten können.

◆ Von der Hinterbank aus lenken.
◆ Ein Katalysator sein.
◆ Sich mit talentierten Leuten umgeben.
◆ Das Chaos fördern.
◆ Den Horizont ständig nach neuen Ideen absuchen.

8. Schneller als der Blitz

Branson agiert blitzschnell, wenn sich eine Chance zeigt.

◆ Den Augenblick nutzen (nicht alles zerreden).
◆ Nicht lange fackeln.
◆ Die Entscheidungsprozesse beschleunigen.

◆ Sich von anderen Hilfe holen.

◆ Sich nicht vor Fehlern fürchten – sie sind die einzige Möglichkeit zu lernen.

9. Die Größe zählt

Wenn Sie ein Virgin-Mitarbeiter sind, dann ist Größe für Sie wichtig. Die Virgin Group ist deshalb so effektiv, weil sie den Unternehmergeist ihrer Mitarbeiter maximiert, während sie die Administration minimiert. Virgin ist kein traditionell hierarchisch aufgebautes Unternehmen, sondern eine Ansammlung lose miteinander verbundener Firmen mit eigenen Büros und eigenen Managementteams.

Wenn Sie je versucht haben, eine Unternehmensstruktur zu schaffen, bei der möglichst viele Mitarbeiter in direktem Kontakt mit dem Markt stehen, würde das Ergebnis dem Modell von Virgin sehr ähnlich sein. Noch einmal: Branson tut instinktiv das, worauf die Professoren der Wirtschaftsfakultäten jahrelang nicht kamen. Fünf Punkte sind es, die die Bransonsche Unternehmensstruktur ausmachen:

◆ Die Größe selbst bestimmen.

◆ Einfach bleiben.

◆ Alles in Einzelteile zergliedern.

◆ Je kleiner die Zentrale, desto besser.

◆ Ideen willkommen.

10. Natürlich bleiben

Dies ist in vielerlei Hinsicht die am schwierigsten zu lernende Lektion von allen. Wer in Bransons Fußstapfen treten will, muß sich das jedoch zu Herzen nehmen, denn sonst bleiben alle anderen Lektionen wirkungslos. Branson ist mehr als bescheiden. Seine Fähigkeit, sich mit Menschen aller Schichten zu verständigen, unterscheidet ihn von fast allen anderen Unternehmern. Sie ist das Geheimnis seines dauerhaften Erfolgs und seiner Popularität.

- Den Menschen zuhören. Beginnen Sie gleich bei den Kunden und Mitarbeitern.
- Sich den Erfolg nicht zu Kopf steigen lassen.
- Die Kunden zu Beratern machen. Sie kennen ihre Bedürfnisse besser als die McKinseys und Bains dieser Welt.
- Alle Menschen als ebenbürtig behandeln. Einer der liebenswertesten Charakterzüge Bransons besteht darin, daß er den Leiter eines multinationalen Unternehmens eher rüde behandeln würde als einen Portier.
- Das sein, was die Leute von einem erwarten. Seien Sie ein Chamäleon.

Das letzte Wort

In seinem Buch *Virgin King* bemerkt Tim Jackson, daß Bransons Motto „ars est celare artem" lauten sollte – die Kunst liegt darin, die Kunst zu verbergen. Bransons Konkurrenten haben teuer dafür bezahlt, ihn unterschätzt zu haben, und die Persönlichkeit, die er der Öffentlichkeit präsentiert, für die ganze Wahrheit zu halten. Der Chef von Virgin hat weit mehr Facetten als seine Publicity-Stunts und Schuljungenstreiche vermuten lassen – fragen Sie nur Lord King von British Airways!

Aber Bransons eigentliches Geheimnis liegt darin, daß er für verschiedene Leute Verschiedenes ist. Ob Sie ihn nun als Hippie-Kapitalisten sehen wollen, der sich vorgenommen hat, in der Wirtschaft aufzuräumen, als liebenswerten Piraten, als Peter Pan des Geschäftslebens oder auch als verkleideten Räuberbaron, liegt ganz an Ihnen. Unbestreitbar ist, daß er die britische Wirtschaftswelt seit über zwei Jahrzehnten so dominiert, wie es kein anderer Unternehmer vor ihm geschafft hat und wohl in Zukunft schaffen wird.

Branson hat das Glück, in spannenden Zeiten zu leben. Von der gesellschaftlichen Revolution der sechziger Jahre über die Goldgräberzeiten der Achtziger bis hin zu den fürsorglicheren Neunzigern stand er mit seiner Marke Virgin bereit, um überall dort, wo die Nadelstreifträger ihre Kundschaft zu übertölpeln trachteten, ein Alternativangebot zu präsentieren. Es drängt sich allerdings der Gedanke auf, daß Richard Branson jede Zeit zu einer interessanten Zeit gemacht hätte.

Letzten Endes ist es nicht möglich, Richard Branson in eine bestimmte Schublade zu stecken. Er ist laut Boy George, einer von Virgins berühmtesten Entdeckungen, das ultimative Karma-Chamäleon, das seine Farbe immer seiner jeweiligen Umgebung anpaßt. Er hat Farbe in die Welt von Konsumenten, Angestellten und Big Business gebracht. Und den Nadelstreifträgern hat er einiges aufzulösen gegeben.

Index

Selber lernen mit Unterstützung

Die Rückkehr von Big Blue

300 Seiten
Hardcover
ISBN 3-7064-0646-2

Als Lou Gerstner im Jahr 1993 das Ruder bei IBM übernahm, schien das Unternehmen in einer ruinösen Abwärtsspirale gefangen. Verluste von 8 Milliarden Dollar brachten den Industriegiganten ins Wanken – Big Blue drohte in einem gewaltigen Konkurs zusammenzubrechen.

Dieses Buch erzählt, wie ein Manager, der zuvor als Managementberater tätig war, Zigaretten, Kekse und Reiseschecks verkauft hat, den Wandel bei IBM herbeiführte. Gerstner brachte einen in der amerikanischen Wirtschaftsgeschichte beinahe einzigartigen Aufschwung zuwege.

Aber die Wende bei IBM hatte auch ihren Preis. Gerstner setzte eine dramatische Kündigungswelle in Gang, und die verbleibenden Mitarbeiter mußten sich Änderungen gefallen lassen, die an die chinesische Kulturrevolution erinnerten. Innerhalb von sechs Jahren führte Gerstner bei IBM eine intensive und schnelle Arbeitsweise ein, die keiner seiner Vorgänger dem Unternehmen je zugemutet hätte. Die aktiv Beteiligten sind heute überzeugt davon, daß Gerstner genau das ist, was IBM so dringend braucht. Endlich können die Produktentwickler ihre Produkte herausbringen, ohne vor einem Dutzend Komitees in die Knie fallen zu müssen. Nach wie vor finden sich Leute, denen Gerstners Managementstil nicht sympathisch ist. Trotz der Schönheitsfehler, die jede Hierarchie hat, funktioniert die Struktur jetzt wenigstens. Vielleicht ist Gerstner nichts weiter als ein fähiger Technokrat, ein Administrator. Wie auch immer: Seinen Job macht er gut.

Doug Garr, der in früheren Jahren Reden für IBM schrieb, ist heute als freier Journalist auf den Gebieten Wirtschaft und Technik tätig und publiziert in Zeitschriften wie New York, Business Week, Popular Science, Harper's Bazaar und GQ. Er ist Autor des Buches „Woz: The Prodigal Son of Silicon Valley". Doug Garr lebt in New York City.

UEBERREUTER
WIRTSCHAFT

http://www.ueberreuter.at
http://www.ueberreuter.de